POUR UNE INTERVENTION SOCIALE EFFICACE EN MILIEU INTERCULTUREL

Québec - Canada

Collection Études Africaines

Dernières parutions

Jacques COLAS, *Une case à Molimé*, 2001.
Abdou HAMANI, *Les femmes et la politique au Niger*, 2001.
Barnabé Georges GBAGO, *Le Bénin et les Droits de l'Homme*, 2001.
Paulette ROULON-DOKO, *Cuisine et nourriture chez les Gbaya de Centrafrique*, 2001.
Edouard ETSIO (coord.), *Congo 2000 : état des lieux*, 2001.
Tidiane DIAKITE, *Appel à la jeunesse africaine*, 2001.
François OSSAMA, *Les nouvelles technologies de l'information – Enjeux pour l'Afrique subsaharienne*, 2001.
Gabriel GOSSELIN, *L'Afrique désenchantée*, vol.I, 2001.
Jean-Marc ELA, *Guide pédagogique de formation à la recherche pour le développement en Afrique*, 2001.
Albert G. ZEUFACK, *Investissement privé et ajustement en Afrique subsaharienne*, 2001.
Silvère Ngoundos IDOURAH, *Colonisation et confiscation de la justice en Afrique*, 2001.
Alain MENIGOZ, *Apprentissage et enseignement de l'écrit dans les sociétés multilingues*, 2001.

Anselme MVILONGO

POUR UNE INTERVENTION SOCIALE EFFICACE EN MILIEU INTERCULTUREL

Québec - Canada

L'Harmattan
5-7, rue de l'École-Polytechnique
75005 Paris
France

L'Harmattan Hongrie
Hargita u. 3
1026 Budapest
HONGRIE

L'Harmattan Italia
Via Bava, 37
10214 Torino
ITALIE

Anselme MVILONGO est un Canadien d'origine camerounaise, né à Yaoundé, Cameroun.

Il a fait des études de philosophie et de théologie aux Universités de Paris et de Fribourg (Suisse), puis de science politique (Relations Internationales), de psychologie, de travail social, de sciences de l'éducation aux Universités du Québec et de Montréal. Depuis 1991, il enseigne à l'Université Laurentienne, chemin du Lac Ramsey, Sudbury (Ontario), P3E 2C6 (Canada).

© L'Harmattan, 2001
ISBN : 2-7475-1263-0

À mon épouse et mes enfants

Table des matières

Introduction 11

Chapitre I
Enjeux théoriques et conceptuels 21

1- Le contexte social : le phénomène migratoire en Amérique du Nord 21
Immigration canadienne et québécoise 24

    Attitudes générales de la société 28
    Gestion familiale et éducation de l'enfant 29
    L'emploi 33
    La santé mentale des immigrants 34
    Les plus vulnérables de la société des immigrants 38
    Les relations parents-enfants 41
    Les femmes 43
    Minorité isolée : les migrants âgés 45
    Le stress aigu 49
    Sous-utilisation des services sociaux et de santé 53
    La tentation ethnocentrique 53

2- Où en est l'intervention sociale dans le
   pluralisme culturel ?..60
   Un regard sur le champ de réflexion 60
   État du problème 61
   L'égalité culturelle 63
   La liberté culturelle 63

3- Les questions à explorer : la différence
   culturelle 64
   Les implications 66
   Deux niveaux d'analyse 70

4- Notions de culture et d'identité culturelle 71
   Trois dimensions 73
   La culture, une réalité dynamique 74
   L'acculturation et l'intégration 76
   Facteurs ethniques et raciaux 79
   L'ethnie 79
   La race 80
   L'identité culturelle de l'intervenant social 82
   L'identité professionelle de l'intervenant social 84
   Les implications 85
   Le professionnalisme 87
   Le rôle de régulateur 87
   Systèmes indigènes des services sociaux et
   de santé (SISS) 89
   Suggestions pour une intervention sociale
   interculturelle 98

Chapitre II

Identité et altérité 101

5- Le même et l'autre, conscience de soi et conscience de l'autre 101
6- Construction du sentiment d'identité 102
7- Différentiation sociale 105
8- Passer et s'enfermer 108
9- Rencontre : de la personne à la culture, unité et diversité 110
10- Oppositions et liaisons 110
11- Ouverture à l'autre culture 112
12- Le sociocentrisme identitaire 113
13- Les formes du sociocentrisme : préjugés et stéréotypes 114
14- L'exotisme 116

Chapitre III

Le défi de l'intervention sociale interculturelle 119

15- Omniprésence inconsciente de la culture dominante ? 119
16- Rôle de l'identité nationale dans la rencontre interculturelle 124
17- Centration culturelle : penser l'autre selon soi 130
18- L'identité, fondement de la communication 135
19- Les relations interpersonnelles et le soi 137
20- Relations intergroupes : compétitions et stéréotypes négatifs 139
21- Se distancer de sa culture par la décentration 141
22- Dualité et ambivalence du sociocentrisme 144
23- Tentation de vouloir transformer l'autre 146
24- Nécessité du sociocentrisme identitaire 151
25- Stratégies identitaires dans les sociétés pluriethniques 157
26- L'enclave ethnique - Réflexions théoriques 159
27- Fonctions idéologiques de l'image nationale 161

Conclusion 171

Références bibliographiques 174

Introduction

Le fait du multiculturalisme nord-américain et particulièrement canadien saute aux yeux; il crève tellement les yeux qu'il est à peine utile d'en faire encore mention. Mais l'important est de voir comment les différentes cultures qui enrichissent la nation canadienne vivent entre elles ces différentes cultures. De plus, aujourd'hui, les voyages, les échanges commerciaux, le tourisme, les congrès scientifiques ou professionnels, fournissent des occasions de contact et favorisent les relations entre les différents pays et les différentes cultures des populations sur notre planète. Les médias de tous genres et particulièrement la télévision, présentent les images, les informations, les productions artistiques et culturelles des pays les plus éloignés. Le défi est de taille tant pour les arrivants que pour la société d'accueil. Tous doivent vivre en harmonie les uns avec les autres, trouver des terrains communs et partager ensemble leurs richesses culturelles. Pour réaliser cet idéal à la grandeur du pays, les éducateurs, les corps médicaux, les politiciens, les dirigeants dans tous les domaines, bref, tous ceux qui œuvrent dans les relations humaines sont interpelés pour relever le défi. Par ce travail, je voudrais apporter une contribution à la réflexion en partant d'une expérience de plusieurs années comme praticien social et comme éducateur.

L'expérience nous apprend qu'il ne suffit pas d'un simple accueil pour réaliser l'idéal de vie interculturelle. En travail social, l'intervenante ou l'intervenant social a appris à accueillir son client. Mais peut-on vraiment parler pour autant d'une ouverture à l'altérité culturelle et d'une communication interculturelle authentique ? Car bien des tendances dans diverses sociétés semblent aller dans un sens opposé; certaines réactions de fermeture et de rejet liées aux problèmes de l'immigration et aux affrontements idéologiques, nationaux, religieux, ne cessent de se faire jour. D'ailleurs en travail social, la question elle-même peut être posée de façon très diverse avec comme conséquence une perception également variée du problème. Par exemple, la perspective sera fort différente selon qu'on se place du point de vue de la société d'accueil ou de celui des immigrants eux-mêmes, du point de vue de la culture dominante ou de celui des minorités, de l'institution ou du client, de l'efficacité administrative ou du bien-être du client ou encore selon que l'orientation privilégie la société majoritaire ou le pluralisme culturel. L'interculturel devient donc un enjeu et un défi auxquels entendent répondre non seulement les initiatives de divers organismes nationaux ou internationaux, institutions éducatives, associations culturelles, mais également les travailleurs sociaux professionnels. L'ampleur des efforts déployés dans ce domaine appelle une réflexion d'ensemble sur les visées, les moyens mis en œuvre et les effets de telles actions. Quels sont leurs objectifs ? Comment les atteindre ? Et quels en sont les résultats réels ?

Dans les rencontres cosmopolites et donc interculturelles, la finalité principale est que les participants apprennent à communiquer entre eux, à mieux se connaître et à découvrir par delà les préjugés, les stéréotypes et les clivages de leurs cultures d'origine. A un autre niveau, celui plus politique, il s'agit d'effacer ou tout au moins d'atténuer les séquelles des conflits passés (la colonisation par exemple) et d'en prévenir de nouveaux, de contribuer à une meilleure entente entre individus, voire même entre nations, de promouvoir un sentiment de solidarité humaine. Personne ne pourrait être contre de tels objectifs. Le problème profond est de savoir quels sont les contenus concrets qui permettent de les atteindre et comment, pour un travailleur social, les passer dans une intervention sociale dont le bénéficiaire est d'une autre culture.

La notion de culture doit être entendue ici dans son sens anthropologique. Elle désigne les modes de vie d'un groupe social, ses façons de sentir, d'agir ou de penser; son rapport à la nature, à l'homme, à la technique et à la création artistique. La culture recouvre aussi bien les conduites effectives que les représentations sociales et les modèles qui les orientent : systèmes de valeurs, idéologies, normes sociales. La notion de culture s'applique à des groupes sociaux très divers : tribus, ethnies, classes sociales, nations, civilisations, etc. Cependant, dans chaque société et dans chaque situation vécue dans l'histoire, un cadre peut apparaître plus particulièrement apte à définir l'identité culturelle. Dans les sociétés industrialisées d'Occident et d'Amérique du Nord, c'est le cadre national qui a tendu à s'imposer comme le niveau le plus significatif dans une structuration différentielle de la culture. La notion d'identité porte en elle-même celle d'altérité : la conscience d'appartenance à un groupe ne surgit que face à un autre groupe perçu comme étranger.

Bien que, dans le monde moderne, la notion de culture et identité culturelle puisse apparaître comme le support privilégié d'un sentiment d'identité et de solidarité collectives, d'autres niveaux de différentiation (ethniques, régionaux, socioprofessionnels, idéologiques, religieux) ne sont pas évacués. Bien que la notion d'identité implique une certaine unité et une relative homogénéité, comme le souligne Michaud[1], elle n'exclut pas une multiplicité culturelle réelle et une dynamique complexe entre forces d'assimilation et forces de différentiation, mouvements de fermeture et mouvements d'ouverture, tendances à la continuité et tendances au changement. Si l'identité culturelle s'appuie sur des facteurs objectifs comme l'héritage de l'histoire, le cadre politique, les origines ethniques, les traditions, la langue, la religion, elle repose tout autant sur des éléments

---

[1] G. Michaud (dir.), *Identités collectives et relations interculturelles*, Paris, PUF, (coll.. « Complexe »), 1978.

subjectifs inscrits dans la conscience des membres d'une communauté. Elle existe d'abord sous forme de représentation sociale qui permet à une collectivité de se définir et de se faire reconnaître par les autres; cette représentation est faite d'images, de symboles, de stéréotypes, de mythes originaires, de récits historiques qui offrent à la conscience collective une figuration de sa « personnalité » et de son unité.

L' « interculturel » est de plus en plus en vogue dans les sciences humaines : pédagogie, animation socioculturelle, travail social, etc., et cela ne va pas sans ambiguïté. En effet, le terme implique l'idée d'interrelations, de rapports et d'échanges entre cultures différentes. Il ne doit pas être compris comme le contact entre deux objets indépendants (deux cultures en contact), mais comme interaction où ces objets se constituent tout autant qu'ils communiquent. Cette définition veut éviter une conception objectiviste de la culture considérée comme une sorte de donnée objective, autonome et relativement fixe; elle se situe dans une perspective systémique et dynamique où les cultures apparaissent comme des processus sociaux non homogènes, en continuelle évolution, et qui se définissent autant par leurs relations mutuelles que par leurs caractéristiques propres. En effet, aujourd'hui, les groupes sociaux ne vivent pas de façon totalement isolée : ils entretiennent des contacts avec d'autres groupes, ce qui leur donne l'occasion d'une prise de conscience de leur spécificité, mais aussi occasionne des emprunts et un constant changement. Todorov peut bien dire que l' « interculturel est constitutif du culturel ».

Manifestement, l'interculturel définit moins un champ comparatif, où il s'agirait de mettre en regard deux objets, qu'un champ interactif, où l'on s'interroge sur les relations qui s'instaurent entre groupes culturellement identifiés. En effet, comme le souligne Abdallah Pretceille : « Le but d'une approche interculturelle n'est ni d'identifier autrui en l'enfermant dans un réseau de significations, ni d'établir une série de comparaisons sur la base d'une échelle ethnocentrée. Méthodologiquement, l'accent doit être mis davantage sur les rapports que le « je » (individuel ou collectif) entretient avec autrui que sur autrui proprement dit. » C'est là d'ailleurs que la démarche suivie dans ce travail se différencie de celle de l'ethnologie classique : dans cette perspective, l'altérité n'est plus un phénomène objectif qu'il s'agirait de décrire mais se présente comme « un rapport dynamique entre deux entités qui se donnent mutuellement un sens. »

L'expression de communication interculturelle pourrait induire des images trompeuses. Ce ne sont pas des cultures ou des identités nationales qui entrent en contact ici : la communication implique toujours des personnes humaines et ce sont elles qui véhiculent ou médiatisent les rapports entre cultures. Qu'il s'agisse d'un voyage d'étude, de la découverte d'un pays ou d'une région, il y a toujours au départ une démarche de la personne qui veut acquérir un savoir, découvrir des paysages, des monuments, des œuvres d'art ou de traditions; mais cela entraîne aussi le contact avec les modes de vie, de penser et de sentir incarnés dans des groupes et des individus concrets. Ainsi par communication interculturelle, il faut d'abord entendre les relations qui s'établissent entre personnes ou groupes de personnes appartenant à des cultures différentes.

C'est le fait relationnel qui nous intéresse ici, même s'il entraîne avec lui, à l'arrière-plan, un cortège de représentations, de valeurs, de codes, des styles de vie, de modes de penser propres à chaque culture. En Amérique du Nord et au Canada tout particulièrement, la réflexion sur l'interculturel est fortement marquée, depuis ces dernières années, par les problèmes liés à l'immigration venant des pays du Sud, surtout quand il s'agit des services de santé et des services sociaux. C'est là un domaine important, porté par une demande sociale urgente, impliquant de multiples acteurs, comme les enseignants, les travailleurs sociaux, les responsables politiques, les différents corps médicaux etc., et qui suscite une réflexion orientée autant vers l'action que vers la recherche.

Le domaine de réflexions ici n'est pas la brûlante actualité du rapport Nord-Sud, mais la relation interculturelle qui s'instaure entre les intervenants sociaux et leurs clientèles d'autres cultures, et plus spécialement celle des intervenants sociaux avec les cultures « étrangères ».

L'on sait que les relations interculturelles sont surdéterminées par des rapports de force ou au moins d'influences économiques, politiques et idéologiques, mais une approche à caractère psychosocial ayant pour objet les rencontres interpersonnelles a été privilégiée dans cette étude. Il va sans dire que ces rencontres s'inscrivent dans le contexte d'un héritage historique et culturel qui s'exprime notamment à travers tout un ensemble d'images et représentations sociales qui sont aussi abordées.

À cause de ce contexte et de ses enjeux, l'interculturel ne saurait être un thème neutre. Il suscite un discours de type idéologique, inspiré le plus souvent par une éthique humaniste prônant un idéal de dialogue, de respect de la différence, de compréhension mutuelle. Cet idéal entraîne nécessairement une large adhésion, mais nous aide-t-il vraiment à comprendre les problèmes que pose la communication interculturelle et les phénomènes psychosociaux qu'elle implique ? C'est parce qu'elle touche aux questions d'identité, de perception sociale, de relation à l'autre, qu'elle a en chacun de nous des résonances profondes où les mouvements affectifs, souvent inconscients, jouent un rôle prépondérant. Sur cet aspect presque « passionnel », C. Camilleri note qu'une « pédagogie interculturelle vraiment complète est une pédagogie à risque, dont on ne sait pas à l'avance jusqu'à quel point on peut la conduire. » Dans ce travail, ce risque a été assumé, mais compte n'a pas été tenu du discours de l'idéal; on s'est plutôt attaché à éclairer et à comprendre les processus à l'œuvre dans la rencontre interculturelle : ce qui se passe dans les faits. Toute attitude normative était donc à éviter et, si la démarche peut avoir une visée pédagogique, c'est moins en ce qu'elle tendrait vers un discours didactique que parce qu'elle procède d'une pratique, en y apportant le prolongement d'une réflexion critique.

Pour l'intervenant social, il s'agit d'abord de lever l'écran de bonnes intentions, des savoirs tout faits, des évidences satisfaites, pour développer selon l'expression d'Ewald Brass ces « ignorances attentives dont nous avons besoin pour commencer à soupçonner et, peut-être, à reconnaître, les limites de nos pratiques, de nos perceptions et de nos théories actuelles. »

Le propos ici n'est pas d'ordre idéologique ou même éthique; il s'inscrit résolument dans le champ des sciences humaines. C'est le fruit de multiples réflexions recueillies à travers des échanges interdisciplinaires lors des ateliers de travail sur le multiculturalisme, des colloques et des conférences nationales et internationales sur l'éducation, des congrès internationaux sur les pratiques et interventions sociales auprès des minorités culturelles.

Cet ouvrage entreprend le bilan d'une recherche qui s'est développée sur plusieurs années de pratique professionnelle comme travailleur social, d'enseignement sur le domaine et qui ont donné lieu à des publications fragmentaires et éparses. Notre démarche méthodologique a mis à contribution les discussions de groupes d'étudiants de différentes nationalités travaillant en atelier, les discussions et les réflexions des collègues dans plusieurs colloques interdisciplinaires sur le domaine. Cette approche nous a paru particulièrement apte à saisir sur le vif les processus, les mécanismes, les implications personnelles ou de groupe de la communication interculturelle. Notre observation et notre analyse ont porté sur les réactions et sur le discours des étudiants et de beaucoup d'autres intervenants et intervenantes en relations humaines. Nous avons aussi fondé notre démarche sur l'étude et l'analyse des représentations que différentes cultures se font les unes des autres. Nous avons saisi ces représentations à travers le discours des participants, dans les enquêtes sur les images et stéréotypes nationaux et aussi dans les travaux d'étudiants.

Le souci premier était de fonder la réflexion sur une pratique empirique, mais ceci est une expérience singulière dont il faut dépasser les limites. La démarche méthodologique initiée ici entend apporter sa contribution théorique à l'intervention sociale interculturelle en sciences humaines. En effet, tendre vers une pédagogie de l'interculturel ne saurait consister en un répertoire de bonnes intentions ou en un carnet de recettes à l'usage des intervenants sociaux, elle doit s'appuyer sur des recherches et sur une réflexion rigoureuse. À ce propos, le lecteur/lectrice praticien/praticienne lira, comme en toile de fond, l'apport du double concept introduit ici, celui de centration et de décentration culturelle. On sait toutefois que le dialogue entre praticiens et chercheurs n'est pas toujours chose aisée. Alors que les chercheurs veulent élaborer des connaissances universelles, transcendant les immédiatetés qu'impose une situation spécifique, les praticiens vivent au quotidien ces immédiatetés, avec une finalité d'action plus que de savoir. Les praticiens reprochent aux chercheurs d'être trop abstraits, de planer au-dessus des problèmes concrets; les chercheurs reprochent aux praticiens d'être immergés dans des démarches empiriques dont ils n'arrivent pas à se distancer pour en interroger les liens logiques et la pertinence. Pourtant le dialogue entre praticiens et chercheurs semble nécessaire, car on peut penser qu'il n'y a de connaissances significatives dans les domaines des sciences humaines que celles qui permettent de mieux comprendre la pratique et de mieux orienter l'action.

L'ouvrage est divisé en trois chapitres. Le premier chapitre porte un regard sur le champ de réflexion et explore les enjeux théoriques et conceptuels de l'intervention sociale dans le pluralisme culturel. Il comprend quatre grands sous-titres : 1) Le contexte social : le phénomène migratoire en Amérique du Nord, 2) Où en est l'intervention sociale dans le pluralisme culturel ? 3) Les questions à explorer, 4) La notion de culture et d'identité culturelle.

Le deuxième chapitre « Identité et altérité : formation de la personnalité», comprend dix sous-titres : 5) Le même et l'autre, conscience de soi, conscience de l'autre, 6) Construction du sentiment d'identité, 7) Différentiation sociale, 8) Passer et s'enfermer, 9) Rencontre : de la personne à la culture, unité et diversité, 10) Oppositions et liaisons, 11)

L'ouverture à l'autre culture, 12) Le sociocentrisme identitaire, 13) Les formes du sociocentrisme : préjugés et stéréotypes, 14) L'exotisme. Le troisième chapitre « Le défi de l'intervention sociale interculturelle », comprend les sections suivantes : 15) Omniprésence inconsciente de la culture dominante ? 16) Rôle de l'identité nationale dans la rencontre interculturelle, 17) Centration culturelle : penser l'autre selon soi, 18) L'identité, fondement de la communication, 19) Les relations interpersonnelles et le soi, 20) Les relations intergroupes : compétition et stéréotypes négatifs, 21) Se distancer de sa culture par décentration, 22) Dualité et ambivalence du sociocentrisme, 23) Tentation de vouloir transformer l'autre, 24) Nécessité du sociocentrisme identitaire, 25) Stratégies identitaires dans les sociétés pluriethniques, 26) L'enclave ethnique—Réflexions théoriques, 27) Fonctions idéologiques de l'image nationale.

Chapitre I

Enjeux théoriques et conceptuels

1. Le contexte social : le phénomène migratoire en Amérique du Nord

Le mot migrant fut probablement inventé, un jour, par un autochtone de vieille souche étonné puis insécurisé par l'arrivée chez lui d'un étranger. Jusque là, il connaissait ses voisins, ses proches, des gens modelés à sa ressemblance, des gens « normaux » dont il pouvait comprendre et prévoir les gestes et mimiques, ceux qui paraient aux incertitudes du lendemain. Sur le plan culturel, l'étonnement et l'insécurité du dit autochtone sont d'une actualité toute fraîche dans la société contemporaine. La rencontre avec ce voyageur fait découvrir l'existence d'êtres différents, de nomades, de ceux qui veulent ou qui doivent prendre le risque de s'ajuster à des situations qu'ils ne maîtrisent pas.

Les dictionnaires, les textes de lois canadiennes, semblent avoir été écrits par des sédentaires de vieille souche, car il semble n'y avoir de couramment de l'immigration et de l'immigrant que des définitions spécifiques à ce petit bout de la lunette et à cette perspective : l'immigrant est celui qui est différent. L'immigration désigne l'entrée dans un pays de personnes non autochtones (Robert), ou encore, l'établissement d'étrangers dans un pays (Quillet).

Mais quelle que soit la définition adoptée, le mot et ses afférents (émigrant, migrant, etc.) impliquent l'idée d'un déplacement. Déplacement d'individus, de groupes ou de populations qui passent d'un pays à un autre pour s'y établir de façon saisonnière ou permanente. Migrer, c'est franchir une frontière vers un ailleurs. Toutefois cette univocité de sens cache une pluralité de phénomènes migratoires. En effet les individus, groupes et sociétés vivent différemment la migration. Celle-ci peut être ou bien contrainte, expulsion, ou beaucoup plus simplement désir de voir d'autres cieux, quête d'un ailleurs fantasmé comme meilleur.

En quelque sens qu'on le prenne, le fait migratoire semble être un fait permanent, massif dans plusieurs sociétés. En ce qui concerne l'installation des migrants dans les sociétés dites « d'accueil », l'expérience montre que la migration est définitive. Il faudrait dans la société d'origine des renversements majeurs, car le flux migratoire est une valve d'échappement dans une « société bloquée », un détour dans une impasse, un refus d'une pesanteur sociologique. Pour que la vapeur se renverse, on aurait pu croire qu'il suffisait d'une réouverture (révolution, nouveau projet de société, reprise de l'activité productrice). La mort de Franco, de Salazar, la réouverture des sociétés espagnole, grecque, portugaise n'ont pas opéré un mouvement de retour chez les Grecs, les Portugais, les Espagnols. Seuls quelques migrants préparés (formation adaptée, militance, économies substantielles, retraite anticipée ou réelle) sont retournés. Le phénomène de retour reste marginal. Ajoutez à cela que dans les pays d'origine, l'infrastructure est précaire et ne peut absorber un flux massif de travailleurs, d'un seul jet. Le retour massif est donc objectivement impossible.

De là se pose la question de l'insertion des immigrés dans les pays dits « d'accueil ». Thématique riche et jusqu'à un certain point encore en friche puisque de larges pans de cette réalité demeurent aujourd'hui encore inconnus, mal connus, méconnus.

Jusqu'à une date récente, les responsables politiques et les instances concernées ont considéré que cette insertion allait de soi et qu'elle s'inscrivait naturellement, comme le ruisseau finit par rejoindre l'étang, dans la perspective d'une assimilation. La société canadienne offrait un bassin d'accueil et d'hospitalité. Il suffisait de respecter les lois et les coutumes du pays, la langue, le vieux fond culturel canadien/québécois, bref, vivre « en bon canadien/québécois » et la société absorberait les populations qui la composent, quelle que soit leur origine. Cette vision de la migration a abouti à une impasse.

L'expérience montre aussi que les migrants maintiennent de multiples liens avec leur société d'origine, s'approprient l'espace canadien ou québécois en le restructurant selon leur « habitus culturel » et développent de façon autonome leurs services. Loin de se fondre dans la population canadienne ou québécoise, ils se regroupent, vivent non pas dans, mais à côté d'une société qui, elle, a tendance à les ségréguer, à les marginaliser, à les exclure. Les blessures des migrants sont profondes et, comme toute blessure, elles cherchent le chemin de la cicatrisation. Au mythe de l'assimilation s'est substitué le mythe du retour. Le cas canadien/québécois est loin d'être singulier. Les problèmes approchés ci-dessus, à quelques nuances près, sont le fait de la migration dans un ensemble de sociétés et ils introduisent un large débat visant sinon, à « renommer », pour du moins à poser des modalités concrètes d'insertion des migrants dans les sociétés d'accueil.

Cette question est d'importance; sa prise en compte ne relève pas uniquement du pouvoir politico-administratif obsédé par des problèmes de dénombrement, de gestion de la main-d'œuvre étrangère et de sa rentabilité. En ce sens, il ne s'agit donc pas d'offrir uniquement aux migrants quelques avantages (intégration dans la fonction publique, programme de formation à l'emploi, programme d'enseignement des langues d'origine, etc.), de les arroser de piteuses subventions de subsistance, encore faut-il trouver des modes adéquats d'insertion dans les sociétés d'accueil.

Dans ce domaine, travailleurs du social, militants d'organismes communautaires, intervenants syndicaux, chercheurs du social sont loin d'avoir inventorié les modèles d'implantation dans les espaces « d'accueil » de ces nomades des temps modernes.

L'immigration ne pose pas seulement un problème de déplacement, qui est aussi un problème sociétal, mais elle pose aussi et surtout une question nationale et étatique. Aborder la question de l'État, c'est en filigrane retrouver la principale commande des gouvernements : « Dites-nous qui ils sont pour pouvoir mieux les gérer ». Ainsi la question de l'immigration est non seulement liée à la dimension internationale du marché du travail, dont la transformation ne tient pas uniquement à la domination économique et technologique sur d'importantes masses humaines que les sociétés modernes importent pour leurs besoins, elle est aussi culturelle. On n'importe pas seulement des bras mais aussi des cultures, des signes et des habitudes qui se détruisent et se restructurent dans les sociétés d'arrivée. On l'a maintes fois souligné :

> Le paradoxe est alors qu'on refuse de voir que cette force de travail est d'abord une force humaine : des femmes, des hommes issus d'une culture, produits d'une civilisation, ayant pour certains des convictions religieuses, un système de mœurs, des comportements sociaux. (*Temps modernes*, n°. 452-454, 1984)

Immigration canadienne et québécoise

Des milliers et des milliers de personnes se déplacent chaque année en quête de travail et de sécurité. Ce phénomène est la conséquence directe de la mondialisation des rapports de production capitaliste. Le pôle riche de l'économie-monde moderne ressemble à un vaste chantier de construction pouvant puiser, ici une main-d'œuvre qualifiée, là, une main-d'œuvre abondante et bon marché.

Concrètement, pour le Canada et le Québec, l'immigration constitue un phénomène récent car, jusqu'aux années 1970, ce sont les États-Unis et les pays d'Europe qui fournissaient la majorité des immigrants et immigrantes. En 1984, par contre, c'est plus de 70 pour cent des immigrantes et immigrants qui proviennent des pays du Tiers-Monde. Qu'en était-il de l'immigration noire avant cette période ? Depuis les Nouveau Règlements d'applications nouvelles du Ministre fédéral de l'immigration, Jean Marchand, en 1967, aux termes desquels les visiteurs étrangers étaient autorisés à effectuer une demande de résidence à partir du territoire canadien, selon les organes de presse (le *Devoir*, 17 nov. 1972; la *Presse* de Montréal, 4 nov. 1972), 223 000 visiteurs s'étaient prévalus de cette possibilité pour la seule année 1967.

Jusqu'à cette époque, souligne Paul Dejean (1978), l'immigration haïtienne ne constituait pas un problème pour les services gouvernementaux du pays. À cette date en effet, Haïti ne faisait pas partie des 15 principaux pays sources d'immigration du Canada, puisque sur un total de 35 506 admis en 1968, le pourcentage d'Haïtiens atteignait à peine 1,16. C'est donc surtout après 1968 que, quantitativement et qualitativement, l'immigration noire et surtout haïtienne commença à accuser une profonde transformation. Suivant les estimations du ministère fédéral de l'immigration, en 1973, leur nombre variait de 50 000 à 200 000. Les mesures d'adoucissement des lois sur l'immigration pour la réunification des familles ces dernières années, ont accru le nombre d'immigrants en provenance du Tiers-Monde noir dans les années 1978.

Une nouvelle forme de migration internationale, nouvelle du moins par son ampleur, pose de plus en plus de problèmes. Il s'agit des mouvements de refugiés-es. Les statistiques existantes sont à prendre comme des estimations approximatives du nombre de personnes qui ont dû fuir leur pays natal afin d'échapper à un danger relié soit à une catastrophe naturelle, soit à des conflits (guerres, répression, etc.). L'ampleur du phénomène ne fait pas de doute : on enregistrait en 1984 près de 11 millions de refugiés-es. Il est intéressant de noter les zones de crise, soit l'Amérique centrale et les Caraïbes (plus de 300 000), l'Afrique (près de 3 millions), le Pakistan (près de 3 millions aussi) et, enfin, le Sud-Est asiatique (près de 600 000).

Ces statistiques proviennent du Bulletin d'information du Haut Commissariat pour les refugiés à Genève (chiffres au 1er Janvier 1983) et montrent l'importance du nombre d'immigrés au Canada : gens de différentes races, de différents pays, de différentes religions, bref, de différentes cultures.

La Commission Rochon croit que l'augmentation croissante du nombre d'immigrants qu'est venue renforcer l'arrivée massive des réfugiés, la composition multiethnique de la population immigrée, le solde migratoire négatif pour le Québec, sont autant de facteurs qui ont eu une incidence sur l'organisation et la dispensation des services de santé et de services sociaux.

Tous ces immigrants sont arrivés dans une région où l'idéologie dominante nord-américaine a toujours exprimé la volonté d'une assimilation des nouveaux immigrants au groupe dominant; il s'agissait de les intégrer socialement et idéologiquement sans altérer la cohésion de la société d'accueil.

À travers la sociologie américaine des relations ethniques, il est manifeste que l'élaboration des concepts et la ligne directrice d'analyse vont dans ce sens. Il s'agit comme objectif final d'obtenir l'uniformisation idéologique, culturelle et sociale de la société. D'où la naissance d'une série de concepts tels « assimilation », « intégration », « participation », « acculturation », « melting pot », etc.

Le Canada n'échappe pas à cette idéologie. Il suffit de rappeler qu'au début du XIXe siècle, on a fermé des écoles bilingues réservées aux groupes ethniques et qu'au début du XXe siècle, on exigeait la « canadianisation » au sens de « britannisation » puisqu'on voulait les nouveaux arrivants « entièrement britanniques quant à la langue, à la pensée, au sentiment et à l'instinct » (John Berry et al., 1977).

Il s'agit évidemment d'une idéologie favorable à l'assimilation qui est en accord avec l'héritage des révolutions libérales des XVIIIe et XIXe siècles. La nation, nouvelle forme d'organisation politique et économique, est construite à partir du groupe ethnique dominant au sein de l'État. Le Canada et les États-Unis tentent de construire la nation sur la même base que les pays européens à l'heure du capitalisme triomphant : construire la nation autour du groupe ethnique dominant, à savoir les « Protestants Anglo-saxons Blancs » (WASP).

Néanmoins, la fin de la Deuxième Guerre mondiale aura constitué un moment historique en ce qui concerne les revendications des groupes ethniques à travers le monde : revendications de survie et de sauvegarde de leur identité ethnique. Revendications qui d'ailleurs vont de pair avec « un processus de désaliénation » à la faveur du droit à « la différence » (Guy Michaud, 1978).

La naissance, après la Deuxième Guerre mondiale, du mouvement de décolonisation à la périphérie, basé sur une idéologie nationaliste, eut des répercussions sur les pays du centre. Les mythes révolutionnaires tiers-mondistes influencent les mouvements sociaux de contestation des groupes minoritaires (étudiants, femmes, nationalistes, régionalistes, groupes ethniques).

C'est à l'intérieur de ce vaste mouvement qu'il faut situer l'émergence des revendications des groupes ethniques tant en Amérique du Nord que dans les autres pays du centre capitaliste. Cette remise en question, cependant, survient à un moment où l'on constate que la politique d'assimilation a été un demi-échec.

Au Canada, la politique d'assimilation n'a pas eu non plus les résultats escomptés, pour plusieurs raisons : tout d'abord, la société canadienne étant une société dualiste—francophone, anglophone—, elle n'a pas encouragé cette politique. D'autres facteurs ont contribué à cet échec relatif de l'assimilation des immigrants : l'étendue du territoire canadien a favorisé un certain isolement des groupes ethniques; l'immigration canadienne est relativement récente et, enfin, il existe une certaine concentration des communautés ethnoculturelles, ce qui n'aide pas à l'assimilation. Enfin, l'intolérance, la discrimination raciale et la xénophobie, tant chez les Canadiens anglais que chez les Canadiens français, étaient des facteurs qui empêchaient l'assimilation.

C'est dans ce contexte que les groupes ethniques commencent à remettre en question les politiques ethnocentristes et homogénéisantes et que l'analyse politico-théorique va mettre en évidence les rapports sociaux de domination. Ces groupes ethniques ont fait des trajets combien rapides et des trajectoires multiples à l'infini qui incitent à ne pas se cantonner uniquement dans les espaces de pouvoir définis par le pouvoir, dans les conditions mêmes du pouvoir; ce qui invite du coup à lutter pour la destruction (et non pour la perpétuation, sous prétexte de respecter la différence) des lieux d'enfermement et des ghettos en en appelant de toute à la lucidité pour l'avènement d'un modèle d'hommes décolonisés, délivrés de certains stéréotypes et préjugés qui sont nuisibles autant au migrant qu'à l'intervenant du pays hôte.

Attitudes générales de la société

Il faut dire que l'accueil que l'on réserve aux immigrants qui arrivent dans le pays hôte influe sur leur bien-être mental. Les politiques gouvernementales qui favorisent l'intégration et la pluralité, ainsi que l'appui public de la diversité raciale et culturelle, permettent aux nouveaux arrivants de s'intégrer à la société à vocation générale sans avoir à abandonner leur identité passée et culturelle. L'idéologie du multiculturalisme canadien s'accorde bien avec la santé mentale. Les gens qui se voient mis en face d'un éventail d'options—embrasser de tout cœur une nouvelle culture, préserver leur propre culture ou en arriver à un compromis entre ces deux états, réussissant ainsi une nouvelle intégration—resteraient probablement en bonne santé mentale. Le fait de restreindre cet éventail, par l'assimilation forcée ou l'isolement, met en danger la santé et le bien-être. Les politiques canadiennes en matière de multiculturalisme devraient certes aider à créer les conditions idéales pour l'adaptation des immigrants; cependant, la manière dont ces politiques sont mises en œuvre et le climat de l'opinion publique compromettent la réalisation de ce potentiel. Il faudrait réduire l'écart entre politiques « idéales » et comportement « réel ».

La politique canadienne sur le multiculturalisme devrait en principe mener à la bonne santé mentale des immigrants. Cependant, les attitudes manifestes de nombreux Canadiens envers les nouveaux arrivants contredisent les principes prônés par cette politique. L'attitude des gouvernements et de la population en général établit le contexte émotif dans lequel les immigrants s'auto-examinent et doivent décider de la manière d'agir. Toute hostilité perçue ne peut qu'engendrer de l'hostilité dans les deux communautés, celle de la communauté hôte et celle de la communauté d'immigrants, ce qui est susceptible de déboucher sur un accroissement des problèmes mentaux pour tous, et particulièrement chez l'immigrant dans certaines zones grises.

Gestion familiale et éducation de l'enfant

Je préfère le vocable « enfant » ici parce que, selon la tardition de certaines cultures (africaine, martiniquaise, haïtienne, etc.), l'espoir de perpétuer la famille repose sur tout enfant mâle. C'est pourquoi, même rendu à l'âge adulte, il continue à recevoir des conseils, voire même des ordres de ses parents selon les circonstances et les situations. Les familles de parents du type patriarcal créeront parfois l'obligation morale au garçon de demeurer sur les terres ancestrales, de maintenir les traditions patriarcales du clan familial. Même à la fille qui se marie dans un autre clan, les parents apprennent à se conformer aux traditions de son nouveau clan familial.

Comme on ne peut pas dissocier le destin des parents de celui de leurs enfants, la famille est un lieu principal de socialisation où les enfants vont apprendre, par imitation et par identification à leurs parents, comment agir dans le monde extérieur. Ceci suppose un milieu homogène. Mais toute la vie de la famille allogène est remise en cause par l'immigration; son rythme et son mode de vie ont changé. Le droit des parents à vieillir paisiblement, honoré par leurs proches est remis en question. Bouleversés par les difficultés d'intégration au nouveau milieu, les parents, principalement la mère, voient et pressentent des différences; ils ont peine à y préparer leur enfant. C'est ce dernier qui fait la loi, il n'a aucun respect pour les parents. Ceux-ci ne retrouvent plus le rôle important « d'âme de la famille » que leur promettait la tradition culturelle.

À leur bouleversement intérieur s'ajoutent des facteurs extérieurs qui viennent perturber l'exercice du rôle important « d'âme de la famille » : les lois du pays d'accueil. L'on sait que la plupart des lois s'inspirent du sens donné à la démocratie dans la société. Il s'agit de lois telles celles des droits et libertés individuels, qui donnent tous les droits à l'enfant (mais pas d'obligations). Toutes ces lois sont l'expression de la culture de la société et visent la liberté et l'épanouissement de la personne individuelle dans la société canadienne; l'accent est mis sur l'individu.

Or dans les sociétés d'origine des populations des immigrants, généralement, individu et société sont indissociables, l'épanouissement de l'un ne va pas sans l'épanouissement de l'autre. L'individu s'épanouit dans et par la société. Ceci implique que la famille allogène est en perpétuelle renégociation des règles et des rôles à l'intérieur de la famille selon les besoins développementaux de ses membres et de la société du village.

Le support conjugué de la famille individuelle et de la société du village est indispensable à l'éducation de l'enfant. C'est ce support qui assure un ajustement psychologique harmonieux aux membres d'une famille individuelle et en même temps évite à celle-ci le contrôle rigide de l'autonomie dont le jeune a besoin pour son développement.

Vivant au Canada, la plupart des familles immigrantes ont perdu leur étendue et le soutien communautaire dont elles jouissaient dans le pays d'origine. Elles sont souvent réduites à la taille de famille nucléaire et à leurs seules ressources matérielles, morales et intellectuelles. La famille ainsi réduite devient de moins en moins le modèle d'identification culturelle de l'enfant devant évoluer dans une culture dominante.

L'adolescence telle que la vivent les jeunes au Canada, ne se passe pas de la même façon en Afrique, au Sud-Est asiatique, en Martinique, en Haïti, etc. Il faut composer avec la réalité de la vie en Amérique du Nord, réalité tout à fait nouvelle et inconnue, une vie dont les parents appréhendent les dangers, réels ou imaginés. Il arrive souvent que les deux parents soient absorbés par la lutte pour la survie économique et les multiples problèmes de l'adaptation. Ils ne voient que trop tard la distance, le fossé qui s'est creusé entre eux et l'enfant. Celui-ci devient, soudainement, comme étranger.

Les parents se sentent à la fois coupables de ne pouvoir donner à leur enfant ce dont il a besoin, et blessés de son ingratitude. En effet, à cause de la précarité de leur situation d'immigrants, par exemple, ils misent beaucoup sur l'avenir de leur enfant. Bien souvent, la réussite de ce dernier est un des éléments importants du « rêve de l'immigration ». De même les problèmes rencontrés dans l'éducation de l'enfant peuvent signifier l'effondrement de ce rêve.

Tous ces enjeux sont présents dans la relation avec l'enfant. Ce qui est problématique pour cette famille, c'est que son rapport avec le milieu social, son entourage est « filtré » par sa relation avec son enfant. Son contact avec l'extérieur passe par l'intermédiaire de ce dernier. Cette dépendance donne peu de chance à la famille de clarifier ses perceptions, de prendre conscience de ses forces et de ses faiblesses. C'est le début d'un isolement qui peut durer longtemps, allié à la dévalorisation et au sentiment d'échec de ne pas réussir à s'occuper de l'enfant adéquatement.

Pour l'enfant, la situation est différente. Il est dans la période où il a à se fabriquer une identité propre, à briser la dépendance affective envers les parents. Il voudrait que sa famille soit un vrai lieu de socialisation et l'aide à s'intégrer au nouveau milieu, plutôt que d'y vivre les peurs de ses parents. Selon lui, les traditions familiales et les problèmes devraient prendre moins de place. Le jeune utilise alors des valeurs différentes du milieu pour affirmer son individualité face aux parents (Malewska, 1978). Il insère ainsi une nouvelle culture au foyer et y introduit des éléments de conflit interculturel.

Mais ce dont cet enfant a fondamentalement besoin, c'est que les parents lui donnent la permission d'être différent d'eux, qu'ils l'acceptent comme tel et lui permettent de s'intégrer et de chevaucher les deux cultures. En donnant cette autorisation, les parents craignent que leur rapport avec l'enfant change et qu'ils soient eux-mêmes obligés de s'intégrer plus à fond afin de réussir à le suivre.

La tâche d'éducation à l'intégration d'adolescents de parents allogènes est particulièrement difficile, puisque le jeune veut se bâtir une identité à partir de deux cultures dont il est issu. Plus vulnérable que les parents, il n'a pas de personnalité constituée sur laquelle s'appuyer. Il est la proie à la fois de l'angoisse existentielle de l'adolescence et de l'angoisse culturelle. Il éprouve beaucoup le besoin d'appartenance, mais il n'appartient à aucune des deux cultures. Il veut s'affirmer face à ses parents, mais il risque, en refusant sa culture d'origine pour adopter sans réserve celle de la société d'accueil, de s'amputer d'une partie de lui-même. Attiré par la nouvelle société, il subit aussi du rejet de sa part. Le jeune devient particulièrement anxieux car il n'est pas sûr de la place que la nouvelle société est prête à lui reconnaître et des perspectives d'avenir qu'elle peut lui offrir. Il nage dans l'ambiguïté. S'il est rejeté de l'intérieur et de l'extérieur, le jeune court le danger de ne pas s'accepter lui-même.

L'emploi

Les gens travaillent pour gagner leur vie. Cependant, dans une société axée sur le succès comme l'est la société canadienne, le travail a aussi une valeur symbolique : pour avoir de la valeur, il faut être un membre productif qui contribue au développement de la société. Étant donné que le respect de soi, c'est-à-dire la manière dont nous nous voyons nous-mêmes, reflète la vision que les autres ont de nous, les gens qui ne travaillent pas ou qui ne peuvent pas travailler se sentent souvent dévalués. Cette menace à la dignité personnelle rend les gens vulnérables aux troubles mentaux. L'augmentation des taux de dépression, d'alcoolisme et de suicide pendant les périodes de récession économique ou chez les personnes qui ont perdu leur emploi par suite de perturbations économiques circonscrites dans l'espace, permet de mesurer l'ampleur des répercussions néfastes du chômage sur le plan psychologique. Les effets du chômage ne se limitent d'ailleurs pas à ceux-là seuls qui ne peuvent trouver d'emploi. Les familles dans lesquelles le chef de famille est sans emploi présentent des taux plus élevés que la moyenne en ce qui concerne les femmes battues, les enfants maltraités et les foyers brisés.

Bien que le chômage constitue un risque de problèmes psychologiques pour chacun, les immigrants et les réfugiés y sont particulièrement vulnérables. Les changements dans la structure des courants migratoires au Canada ont influé sur le taux de participation des immigrants au marché du travail. Alors que jadis, le pays faisait appel au Royaume-Uni, aux États-Unis et aux pays d'Europe continentale pour combler ses besoins de main-d'œuvre, les vagues récentes d'immigrants et de réfugiés ont entraîné un afflux de travailleurs d'Asie, d'Afrique et d'Amérique latine. L'intégration de ces « nouveaux » immigrants se trouve souvent retardée à cause du manque de formation ou d'expérience professionnelle appropriée pour le marché du travail canadien.

Tenus à l'écart de nombreux emplois à cause de leurs carences linguistiques ou sur le plan de la formation professionnelle, ou par l'effet de pratiques d'embauche discriminatoires, nombre d'immigrants se trouvent obligés d'accepter des emplois au bas de l'échelle, dans lesquels leur statut marginal les rend faciles à exploiter. Les immigrants qui possèdent une formation scolaire ou professionnelle supérieure se voient dans l'impossibilité de trouver un emploi correspondant à cette formation; le sous-emploi qui en résulte est un grand facteur de risque de troubles émotifs.

Outre les souffrances psychologiques endurées par les immigrants et les réfugiés en raison du chômage et du sous-emploi, on remarque que le pays d'accueil s'en trouve lui-même pénalisé. Des personnes qui auraient pu et dû devenir des ressources humaines importantes pour le Canada doivent trop souvent se tourner vers l'assistance publique. Elles font aussi appel au système de soins de santé parce que leur statut marginal compromet leur santé physique et psychologique.

La santé mentale des immigrants

Le système officiel de soins de santé mentale ne touche que 20 pour cent tout au plus des personnes qui ont besoin de soins pour troubles psychiques. Alors que la sous-utilisation des services est un problème généralisé, les immigrants et les réfugiés se refusent aux soins de santé mentale encore plus que les Canadiens d'origine. Les membres des minorités ethniques boudent le système officiel de soins de santé mentale d'abord parce qu'ils croient que des obstacles insurmontables leur barrent l'accès aux services appropriés et ensuite parce qu'ils croient que, même une fois ces obstacles surmontés, les traitements offerts seraient ou mal conçus ou inefficaces. Ces sentiments ne se retrouvent pas uniquement dans les petites communautés ou chez les nouveaux arrivants. Des groupes culturels importants installés au pays depuis des générations se sentent également exclus du système de soins de santé mentale.

Alors que les symptômes de troubles émotifs sont remarquablement similaires dans tous les groupes culturels, chaque culture a sa façon propre de percevoir ces problèmes et d'y réagir. La dépression, par exemple, est une des formes les plus communes de tous les troubles émotifs, et une des plus débilitantes. Selon ses antécédents culturels, une personne souffrant de dépression peut essayer de n'en pas tenir compte, accepter sa souffrance comme un coup du destin, en discuter avec sa famille ou avec une autorité religieuse, se confier aux soins d'un guérisseur traditionnel ou consulter son médecin de famille.

Les médecins qui dispensent les soins primaires constituent une ressource communautaire importante dans le traitement des troubles émotifs et l'aiguillage des patients vers le système de soins de santé mentale. Cependant, leur efficacité est compromise par des facteurs d'ordre culturel. Bien que les médecins de famille aident de nombreuses personnes souffrant de dépression, ils ne décèlent pas celle-ci dans les deux tiers des cas.

Le problème est encore plus aigu en ce qui concerne leur clientèle ethnique. Cela résulte notamment de ce que les gens cachent—sciemment ou non—leurs symptômes. Dans les cultures asiatiques, il est inacceptable de se plaindre à un médecin de ce qu'on se sent découragé, seul ou suicidaire. Les patients chinois, vietnamiens, laotiens ou cambodgiens insisteront plutôt sur les symptômes physiques de la dépression tels que l'insomnie, la perte de poids, les troubles de l'appétit et la douleur, qu'ils considèrent comme des raisons légitimes de faire appel à un médecin; celui-ci peut donc ne pas reconnaître la nécessité de diriger un patient vers les services de soins de santé mentale.

Les gens répugnent à faire appel aux services de soins de santé mentale, même après une recommandation de leur médecin, par honte et par peur du déshonneur.

Le manque d'information et la mauvaise information à propos des services sont aussi responsables de leur sous-utilisation. Les intéressés craignent très souvent que l'aveu des problèmes psychologiques mette en péril leur statut d'immigrant.

Les hôpitaux sont la plupart du temps isolés des communautés, et cet isolement est plus que physique. Comme les hôpitaux ont rarement une politique spécifique à l'égard des immigrants et des réfugiés, il arrive souvent que leurs pratiques en matière de dotation en personnel, leurs critères d'embauche, leur programme de formation et leurs installations ne reflètent pas la diversité culturelle de leur clientèle. Faute de formation appropriée et de ressources adéquates, notamment d'interprètes, le personnel des hôpitaux perçoit souvent les immigrants comme des cas difficiles et des sources de déception.

Pourquoi les services sont-ils quelquefois inadéquats et inefficaces ? Les barrières culturelles et linguistiques peuvent être à l'origine d'évaluations erronées et de difficultés de traitement. Les groupes ethnoculturels et les responsables des services s'accordent à reconnaître que l'absence d'une langue commune est l'obstacle qu'ils rencontrent le plus souvent durant l'évaluation et le traitement. « C'est dans sa langue première qu'on parle de ses besoins émotifs et qu'on décrit des expériences traumatisantes », me confiait un patient grec dans un hôpital à Montréal. Pourtant, dans plusieurs organismes de traitement, aucun membre du personnel n'est en mesure de s'adresser aux nouveaux arrivants dans la langue première de ceux-ci.

Des préjugés de toutes sortes peuvent fausser l'évaluation durant laquelle le thérapeute se forme un jugement sur un client et arrive à une conclusion sur son état psychique. Une étude a démontré que dans le cadre d'entrevues de routine, les thérapeutes ont tendance à diagnostiquer la dépression chez les Blancs et la schizophrénie chez les Noirs. Quand les entrevues se déroulent selon un formulaire standardisé, les différences entre Noirs et Blancs disparaissent.

Ces résultats montrent que, dans la pratique clinique quotidienne, les thérapeutes peuvent omettre de recueillir tous les renseignements utiles au diagnostic. Les stéréotypes culturels peuvent inciter à prendre des « raccourcis » nuisibles à l'étape de la cueillette des données. En règle générale, les personnes originaires du Sud-Est asiatique ne diront pas volontiers qu'elles se sentent déprimées, ce qui a amené plusieurs spécialistes à penser que lorsqu'un Asiatique éprouve des problèmes psychologiques, l'épreuve n'est pas perçue par lui comme le ferait un Blanc.

Dans ma pratique comme travailleur social professionnel, j'ai eu la preuve que les stéréotypes raciaux peuvent fausser une évaluation. Dans le cas des clients noirs, j'ai constaté que les hypothèses de travail se fondent sur les nombreux stéréotypes négatifs du Noir paresseux, manquant de motivation, agressif, etc. (traits mentionnés dans les ouvrages médicaux comme des symptômes classiques de dépression). A cause de ces préjugés, les Noirs qui souffrent d'une dépression résultant logiquement des stress dûs au chômage, au fait que le logement est introuvable ou inadéquat et au harcèlement racial, ne sont pas diagnostiqués comme souffrant de stress.

Le « Canadian-African Newcomer Aid Center of Toronto » souligne le fait qu'un spécialiste peut ne pas saisir le sens de certains symptômes. Un médecin canadien par exemple peut diagnostiquer la schizophrénie chez une personne venant d'un pays en développement, faute de reconnaître que ce comportement psychotique est dû à la malnutrition et relié à une déficience en vitamines B.

L'évaluation est un processus proactif : pendant que le thérapeute établit son diagnostic, le client évalue le thérapeute et décide s'il sera efficace ou non. L'arrêt prématuré du traitement constitue un problème majeur. Plusieurs patients appartenant à des groupes ethniques ne reviennent pas aux services de soins de santé mentale après la première consultation et la moitié d'entre eux abandonnent avant la cinquième. Les sentiments négatifs envers les thérapeutes expliquent généralement ces défections. Il n'est pas rare que les clients craignent que leur thérapeute soit raciste. Malheureusement, les clients discutent rarement de ces sentiments avec le thérapeute ou avec qui que ce soit.

Les différences culturelles affectent également les réactions des clients à deux des formes les plus usitées de traitement : la pharmacologie et la psychothérapie.

Dans l'esprit de certains groupes ethniques, les médecins canadiens sont trop enclins à prescrire des médicaments, souvent sans nécessité. On a prétendu par exemple que les jeunes Italo-canadiennes avaient été « traitées aux neuroleptiques (médicament utilisé pour supprimer un comportement psychotique) alors qu'en fait elles vivaient une période traditionnelle de deuil ». Les chercheurs font remarquer que les patients d'origine asiatique et hispanique réagissent à des doses plus faibles de neuroleptiques et d'antidépressifs que les blancs non hispaniques, et qu'ils subissent des effets secondaires inquiétants également à des doses plus faibles de médicaments.

Alors que les thérapeutes nord-américains tendent à traiter leurs clients comme des égaux, les Asiatiques s'attendent à ce que le thérapeute soit dépositaire d'une certaine autorité et leur fournisse conseils et informations. Les thérapeutes canadiens, qui appartiennent à une culture qui valorise l'indépendance, ont tendance à faire de l'émancipation du patient hors de la famille où il a grandi un des buts d'une thérapie réussie. Dans le cas d'un patient asiatique ou africain, ce but peut entrer en conflit avec un système de valeurs dans lequel l'individu n'est important qu'en tant membre de sa famille.

Pendant que de nombreux Canadiens acceptent le traitement individuel comme allant de soi, il peut être inacceptable dans les cultures où la famille continue à jouer un rôle central dans la vie des individus.

Les plus vulnérables de la société des immigrants

Généralement les gens se font et se refont tout au cours de leur vie. Cette tâche est très déterminante pour les enfants et les adolescents. De leur lutte pour rester loyaux envers leur famille tout en s'émancipant, pour comprendre comment se lier avec autrui et l'aimer, de leurs efforts pour identifier et exploiter leur potentiel tout en acceptant leurs limites, surgissent des comportements que nous qualifions « d'adaptation ». Les modes d'adaptation de l'enfant et de l'adolescent sont déterminants pour leur santé mentale future.

Il serait raisonnable de penser que les migrants qui sont encore des enfants et les jeunes migrants sont confrontés à des problèmes uniques et sont donc exposés à des risques de troubles mentaux élevés, cependant aucune étude jusqu'à présent ne confirme ni n'infirme ce postulat. Tous les enfants luttent pour édifier un univers cohérent à partir de la famille dans laquelle ils grandissent et l'ensemble du corps social auquel ils participent.

Les enfants des migrants se heurtent à des problèmes supplémentaires. Contrairement à plusieurs de leurs camarades de jeux, leur langue maternelle n'est ni l'anglais, ni le français et leurs familles peuvent être très différentes de celles de leurs amis. Certains enfants de migrants ont enduré une longue séparation d'avec leurs parents, étant restés parfois dans leur pays natal pendant que pères et mères se battaient pour gagner assez d'argent pour les faire venir au Canada. Les retrouvailles provoquent une autre détresse psychologique due à une seconde séparation, celle qui les éloigne de l'entourage familial qui s'était substitué aux parents et du seul foyer qu'ils aient jamais connu.

Beaucoup d'immigrants, et particulièrement les jeunes réfugiés, ayant subi une interruption dans leurs études, sont, en arrivant au Canada, trop vieux pour suivre le système scolaire régulier et ne sont pas qualifiés pour entrer sur le marché du travail, sinon comme main-d'œuvre non spécialisée.

Voyant les Canadiens dévaloriser leur culture et la percevant comme un obstacle à la pleine acceptation par la majorité du corps social, ces jeunes tentent souvent de rejeter la culture de leurs parents. Lorsqu'ils sont exclus du marché du travail, ces jeunes font face à un double sentiment de rejet qui peut provoquer une détresse émotionnelle.

Quelques bandes de jeunes issus de groupes migrants ont menacé des communautés et fait la une des nouvelles. Tout indiquerait que des criminels adultes recrutent les membres de ces bandes parmi les jeunes gens marginalisés qui se sentent dorénavant étrangers à leurs familles et à leur propre culture. Ces jeunes s'égarent alors après avoir vainement essayé de s'intégrer à la riche société de consommation qui les entoure.

Alors que, comme leurs camarades, les enfants d'immigrants et les jeunes immigrés doivent se préparer à la vie d'adulte dans la société canadienne, ils doivent en plus transplanter leurs racines dans le sol canadien. L'enfant évalue ses compétences en fonction de ses succès scolaires, de ses relations avec les pairs et des adultes importants dans sa vie. Trop souvent, au lieu du succès, les enfants d'immigrants et les jeunes immigrés se sentent frustrés en raison des difficultés linguistiques, de l'incompréhension de leurs besoins par ceux qui étaient chargés de leur éducation et parce que l'adaptation à un nouveau style de vie touche les enfants plus profondément que ne le pensent les adultes.

L'ambiance du foyer dans lequel ils évoluent influe sur la santé mentale des enfants et des jeunes. Quelles que soient leur situation ou leurs motivations, les familles d'immigrants et de réfugiés font face à une multitude d'ajustements difficiles à prévoir et parfois trop écrasants pour être menés à bien. Les enfants de migrants sont témoins des problèmes de leurs parents et, jusqu'à un certain point, vivent ces problèmes—la nostalgie, les problèmes linguistiques, la précarité de leurs moyens financiers et la douloureuse adaptation à une nouvelle culture.

Les enfants apprenant l'anglais ou le français plus facilement que leurs parents, et l'école les initiant plus rapidement à la société canadienne, il peut se produire une curieuse inversion des rôles : au lieu que les parents guident et protègent leurs enfants, ces derniers peuvent être obligés de devenir des agents d'acculturation auprès de leurs parents. En plus de partager les incertitudes de leur famille, les enfants de migrants sont exposés à une société d'accueil qui, comparée à leur vie quotidienne, semble séduisante et fascinante.

Les relations parents-enfants

Quelles que soient les raisons pour lesquelles on émigre, quitter son pays, c'est une rupture profonde. C'est se déraciner de tout ce qu'on a vécu, de tout ce qui fondait notre identité. Avec ce bouleversement s'enclenche le processus profond et complexe de l'intégration qui durera de nombreuses années. Plus que de simplement apprendre à fonctionner dans la nouvelle culture, l'intégration consiste à réviser et à renégocier son mode de vie, ses rôles, ses valeurs et sa vision du monde en contact avec le nouveau milieu. Suivant ses besoins, sa personnalité, les circonstances de l'immigration, on a recours à des stratégies différentes face à ce changement de vie.

L'assimilation : On choisit de ne voir que des avantages à ce nouveau milieu dans lequel on se trouve. On tente d'oublier son passé et de nier son identité d'origine pour se fondre dans la nouvelle culture. On essaie désespérément d'être comme les autres. La stratégie s'effrite si on perd contact avec sa culture et si on se rend compte du même coup qu'on ne peut pas devenir comme les gens du pays d'adoption. On se sent alors sans identité, étranger aux deux cultures qu'on n'arrive plus à concilier.

Le refus : On nie complètement le changement vécu. On a tellement peur d'être avalé par le milieu extérieur qu'on rejette son existence et tout ce qu'il représente. Mais du même coup on se coupe les vivres et on refuse de s'adapter. On n'arrive pas à se protéger soi-même, ni à se sentir assez protégé de l'extérieur pour affronter la réalité de sa nouvelle vie. Le fossé s'élargit peu à peu entre les parents plutôt tournés vers leur pays natal et fidèles à leurs racines, et les enfants qui, eux, sont tournés vers l'avenir.

Les enfants font l'apprentissage de leur vie à travers les émissions de télévision, les garderies et les autres enfants de leur quartier. Pour s'intégrer au groupe de leurs petits camarades canadiens, ils demandent nourriture et jouets typiquement canadiens. Ils s'identifient aux héros de la télévision, interrogent leurs parents sur les valeurs de la société d'accueil qui leur sont inévitablement transmises, ou s'interrogent sur leur apparence physique, leur prononciation et leur accent. Une petite Vietnamienne de quatre ans interroge sa mère bouddhiste sur Jésus, et un peit Africain, également de quatre ans, demande à sa mère de bien le laver car sa couleur noire lui donnait l'impression d'être sale.

Dans ces exemples, l'estime de soi de la petite Vietnamienne et du petit Africain a été ébranlée par le racisme, un racisme qui leur fait croire qu'ils sont inférieurs. La petite fille apprend qu'elle ne pourra jamais renier sa mère bouddhiste et le petit garçon qu'il ne pourra jamais se dépouiller de sa peau noire. Prendre conscience du fait qu'ils ne pourront jamais correspondre à l'image qu'on leur offre engendre des frustrations qui peuvent déboucher sur des symptômes de troubles émotionnels ou sur des comportemnts antisociaux dans leur vie ultérieure.

Le racisme peut être renforcé non seulement par certains actes ou propos malicieux, mais aussi par des omissions apparemment innocentes.

Les enseignants et les parents évitent généralement de discuter du racisme ou nient son existence. Ce comportement est soutenu et encouragé par le fait que, dans la majorité des cours et des écrits sur le développement de l'enfant et l'éducation de la première enfance, on évite d'aborder les questions portant sur le racisme et sur l'aspect positif des différences culturelles. Une telle omission peut, en fait, renforcer le racisme. On a vu par exemple, un enfant blanc, à cause de la race d'un autre enfant, refuser de s'asseoir à côté de lui. L'enseignant peut passer sous silence l'origine de ce refus en disant simplement : « Ne dis pas cela. Ce n'est pas gentil ». Si rien ne vient rétablir l'estime de soi de l'enfant dit « de couleur » et que rien ne vient changer le comportement de l'enfant blanc, on n'évite pas seulement le problème, mais on renforce l'attitude raciste.

Les enseignants peuvent également manifester du racisme sans en être conscients. Par exemple, des recherches indiquent que les enseignants blancs excusent souvent les comportements agités des jeunes enfants noirs en leur disant qu'ils sont « mignons » et en assurant qu'ils « se calmeront ». Lorsque ces mêmes enfants vieillissent, les professeurs deviennent beaucoup moins tolérants à l'égard des dérangements causés par des enfants noirs qu'ils ne le sont à l'égard des mêmes dérangements causés par des enfants blancs. Les enseignants ont maintenant tendance à qualifier d'antisociaux ou de délinquants les enfants noirs agités; et ils ont recours à d'autres institutions, y compris le système de soins de santé mentale.

Les femmes

Bien que durant les 20 dernières années, on ait organisé des activités pour aider les femmes immigrées à être autonomes et que l'on ait mis sur pied des groupes de pression, l'on remarque peu de progrès notables. Si le fait d'être femme ne prédispose pas en soi aux troubles mentaux, beaucoup de femmes immigrées présentent des situations à risque élevé, d'une part à cause des caractéristiques de leur culture d'origine et, d'autre part, à cause des politiques et des programmes canadiens qui les défavorisent.

Plusieurs facteurs qui augmentent le stress de la migration touchent davantage les femmes immigrées et réfugiées que les hommes qui partagent leur sort. Chez les immigrants, la décision de quitter le pays natal est généralement prise par les hommes. L'expérience de terrain m'a appris, de façon typique, que les femmes émigrent pour accompagner ou rejoindre un membre masculin de leur famille plutôt que l'inverse.

La séparation des membres d'une famille touche les immigrants et les réfugiés des deux sexes. Toutefois les femmes de cultures traditionnelles ont tendance à être plus intimement liées au réseau familial que les hommes et à souffrir davantage de l'absence de ceux-ci. Par ailleurs, le fait que de plus en plus de femmes ne soient pas mariées au moment de la séparation accentue l'impact de la séparation des membres de la famille.

Si les femmes mariées reçoivent le soutien d'un réseau familial, c'est à elles qu'incombe fréquemment la responsabilité de garder la famille unie. Dans beaucoup de familles immigrées, c'est la femme qui est le premier soutien des enfants et du mari dans leur adaptation au pays. La femme immigrée assume l'énorme responsabilité de garder la famille unie et heureuse et de lui transmettre la culture familiale et les traditions alors que, dans l'accomplissement de ces importantes tâches familiales, elle se trouve le plus souvent isolée, ne recevant elle-même que peu ou pas de soutien.

Les facteurs qui créent la dépendance des femmes immigrées et qui favorisent les abus sont également ceux qui l'empêchent d'échapper à cette situation dont elle devient victime. Les cultures qui enferment la femme dans un rôle dépendant n'acceptent qu'exceptionnellement qu'elles puissent quitter leurs conjoints. En l'absence de ses parents ou de certains proches importants pour elle, la femme est plus susceptible d'être victime d'abus et se voit privée de la seule porte de sortie traditionnelle qu'elle connaisse : retourner chez ses parents. Finalement, l'inaptitude à parler la langue de leur nouvelle société non seulement renforce la dépendance des femmes immigrées à l'égard des hommes, mais aussi les empêche d'utiliser en connaissance de cause les renseignements ou les services qui pourraient les aider à redresser des situations abusives ou à s'y soustraire.

L'incompétence linguistique et l'ignorance des lois canadiennes ont aussi pour effet de cantonner beaucoup d'immigrantes dans des emplois où elles sont victimes d'abus. Les femmes sont la cible de discriminations en matière d'emploi; souvent engagées comme ouvrière à la tâche dans des usines ou pour des travaux domestiques, elles sont sujettes aux abus et à l'exploitation. Les femmes qui ont charge d'enfants ou d'autres personnes dépendantes, au Canada ou à l'étranger, sont beaucoup plus sujettes à l'exploitation en milieu de travail, que ce soit par rapport aux conditions et aux heures de travail, aux avantages sociaux liés à l'emploi ou au salaire.

Les femmes de culture traditionnelle qui sont verrouillées dans un emploi marginal avec d'autres immigrantes et les femmes sans emploi ont peu d'occasions d'apprendre une nouvelle langue. Comme me le confiait un groupe de femmes immigrées : nous venons de sociétés où « les hommes et les chiens errent tandis que les femmes et les chats restent à la maison ». Incapable de communiquer avec aisance, l'appartement d'une femme devient vite sa prison.

Au fil du temps, si son inaptitude linguistique persiste, l'isolement d'une femme immigrée s'accentue, de façon tragique si l'on considère que ses propres enfants, tôt ou tard, apprennent l'anglais ou le français et peuvent devenir incapables de parler leur langue maternelle ou refuser de la parler.

Minorité isolée : les migrants âgés

Plus une personne a été exposée à une culture, plus il sera difficile pour elle de s'adapter à une culture différente. Cela explique que les immigrants et les réfugiés du troisième âge soient particulièrement sujets au stress et risquent d'éprouver des troubles mentaux lors de leur réinstallation.

Lorsqu'ils arrivent au Canada, les immigrants du troisième âge ne reçoivent aucun soutien de leurs pairs ou d'un quelconque groupe qui puisse défendre leur cause. Ils restent une minorité isolée dans chaque communauté ethnoculturelle et dépendent financièrement, socialement et psychologiquement des plus jeunes membres de leur famille.

Les services sociaux et les services de santé devraient être rendus accessibles aux immigrants et aux réfugiés du troisième âge car ils en ont besoin. De plus, on devrait offrir aux nouveaux arrivés d'âge mûr des programmes de soutien qui tiennent compte de l'ethnie à laquelle ils appartiennent afin de répondre à leurs besoins de santé mentale. Les chercheurs indiquent, en parlant des immigrants, que « les personnes du troisième âge sont les plus démunies, les moins influentes et les plus « oubliées » des minorités ethniques. Les personnes âgées qui sont nées au Canada, même si elles sont relativement démunies, ont été préparées, dans une certaine mesure, à jouer un rôle moins important dans la société. Il en va autrement pour beaucoup de cultures où l'on accorde plus de prestige et de pouvoir aux personnes âgées. Aussi les personnes âgées de ces cultures font-elles face à un écart important entre le statut accordé aux plus âgés dans leur pays d'origine et ce qu'elles retrouvent au Canada.

Beaucoup de personnes du troisième âge dépendent des jeunes membres de leur famille, en général leurs enfants, pour le soutien et les relations sociales, car elles maîtrisent mal les langues officielles et se lient avec peu de compatriotes de leur âge. À cause de leurs lacunes linguistiques et de leur manque de compréhension de la société d'accueil, elles participent peu aux programmes des centres communautaires destinés aux personnes du troisième âge.

Qu'elles soient immigrantes ou nées au Canada, les personnes du troisième âge ont moins de facilité à s'adapter à un nouvel environnement que leurs parents plus jeunes. Toutefois, les immigrants d'âge mûr doivent faire face à un entourage matériel et culturel complètement nouveau. Ils le font avec non seulement moins de capacités d'adaptation que les plus jeunes immigrants, mais aussi moins d'instruction et, présume-t-on, avec moins de compréhension de leur nouvel environnement.

Les risques de troubles mentaux augmentent chez ces personnes démoralisées par l'abaissement de leur statut, leur isolement dû à des barrières linguistiques et leur sentiment d'aliénation face à une culture à laquelle les autres s'adaptent.

Les risques de démoralisation résident d'abord dans le contraste entre la nature des relations entretenues au sein de la famille immigrante et celles entretenues dans le pays d'origine. Au Canada, les parents âgés viennent en général vivre avec leurs enfants mariés : chez eux, c'est souvent le contraire. L'on s'attend souvent à ce qu'ils s'occupent de travaux domestiques et veillent sur leurs petits-enfants, plutôt que de diriger les affaires de la maison comme ils l'auraient fait dans leur pays d'origine. Lorsque les enfants et petits-enfants s'adaptent aux coutumes et valeurs canadiennes, on ne recherche pas et on ignore les conseils des aînés, considérant périmées leur sagesse et leur expérience.

Il est difficile pour les deux catégories d'intéressés de décider si les immigrants du troisième âge devraient vivre ou non avec leurs enfants. Les personnes du troisième âge peuvent préférer vivre seules et isolées plutôt que d'être démoralisées par une vie de famille qui nie leur statut traditionnel. Un sondage portant sur cinq communautés ethniques à London, en Ontario, a révélé que, surtout pour les Chinois et les Vietnamiens du troisième âge, la cohabitation de plusieurs générations n'était plus perçue comme un idéal. Les chiffres indiquaient que 50 pour cent des personnes âgées préféraient vivre seules si cela leur était possible. Un sondage similaire effectué à Toronto a produit une proportion de près de 80 pour cent.

Les changements de valeurs qui s'opèrent d'une génération à l'autre exacerbent les traumatismes, ce qui se traduit dans l'évocation des problèmes que posent les soins à donner aux personnes âgées lorsque le mari et la femme travaillent (London Cross Cultural Learner Center).

Pour leur part, les jeunes adultes peuvent trouver qu'il est plus traumatisant pour eux de vivre avec des personnes âgées qui se sentent malheureuses et qui ne peuvent accepter leur nouveau mode de vie, que de vivre avec la culpabilité de ne pas les loger. Dans un nombre inconnu de cas, les considérations financières pèsent dans la balance puisque les nouveaux arrivés n'ont droit au régime de pension de retraite qu'après dix ans de résidence au Canada.

Le nombre de familles d'immigrants qui éclatent augmente considérablement, le stress de la pauvreté exacerbant les tensions déjà engendrées par la cohabitation de plusieurs générations. Les plus jeunes membres de la famille, aux prises avec le défi de trouver leur propre voie dans un nouvel environnement et dans un climat économique généralement difficile, trouvent parfois plus commode de mettre les personnes âgées à la porte afin qu'elles puissent bénéficier pleinement du système de bien-être social.

Lorsqu'ils partent de chez leurs enfants, beaucoup d'immigrants âgés, particulièrement les femmes, vivent dans la pauvreté et la solitude, souvent sans même avoir un conjoint. Peu de communautés ethniques sont suffisamment nombreuses pour que les personnes âgées vivent assez près les unes des autres pour pouvoir se rendre visite. Du reste, plusieurs cultures n'acceptent pas volontiers l'idée d'élaborer des programmes et des services destinés aux personnes âgées.

Qu'ils vivent ou pas avec les membres de leur famille, les personnes âgées nouvellement arrivées peuvent être plus ou moins touchées par l'aliénation que leur causent les valeurs et coutumes canadiennes, selon la rapidité avec laquelle les membres de leur famille se détachent de leur culture. La perspective de la citoyenneté canadienne symbolise et concrétise souvent le problème.

Bref, les immigrants et les réfugiés du troisième âge, en raison de la perte de ce qui leur était familier et des difficultés qu'ils éprouvent à s'adapter à leur nouveau mode de vie, courent davantage le risque de faire face à des problèmes émotifs ou de développer des troubles mentaux. Leur perte de prestige au sein de la famille a tendance à les démoraliser. L'isolement psychologique et social s'accroît tandis que les plus jeunes membres de leur famille se détachent de leur culture et que leurs contemporains, déjà peu nombreux, meurent incapables de s'adapter.

Les aînés restent isolés de leur nouvel environnement et peuvent l'être également de leurs propres enfants.

Le stress aigu

Les gens qui ont été atteints de stress aigu par suite de catastrophes naturelles telles que les tremblements de terre ou les inondations, ou d'agressions humaines telles que le harcèlement, les menaces, la guerre, le viol ou la torture, ont reçu en fait des blessures qui devraient leur valoir une compassion et une compréhension particulières. La nomenclature officielle de l'Association américaine de psychiatrie, DSM-III, mentionne explicitement, dans sa description « des troubles résultant de stress post-traumatique », la nature des symptômes se développant à la suite d'un événement psychologiquement traumatique qui dépasse le niveau des expériences humaines courantes. Parmi les principales caractéristiques de ce trouble, on peut citer le fait de revivre l'événement sous l'effet de souvenirs douloureux et honnis, des rêves ou des cauchemars récurrents, le sentiment d'être détaché ou éloigné d'autrui, le détachement par rapport à des choses qui autrefois plaisaient et des problèmes ayant trait à la vie intime. Certains rescapés manifestent aussi une vigilance exagérée, des difficultés à s'endormir et nourrissent des soupçons à l'égard d'autrui. Alors que, dans certains cas, les symptômes peuvent surgir peu après le traumatisme, dans d'autres cas ils se manifestent des mois ou même des années plus tard.

Même s'ils n'ont pas vécu personnellement la catastrophe, la famille et les enfants de quelqu'un qui a été persécuté ou torturé portent leurs propres blessures. Les études menées sur les enfants de familles persécutées pour leurs idées politiques en Amérique Latine et en Afrique, et sur les enfants dont les parents ont survécu aux camps de concentration nazis, ont relevé des comportements communs à tous ces groupes. Les enfants réagissent à ces situations de façon typique, il se produit un arrêt de leur développement psychologique au cours duquel la peur remplace le sentiment de sécurité. Les enfants développent alors des symptômes tels que le repli sur soi, des angoisses chroniques, la dépression, des comportements excessivement dépendants, des troubles du sommeil, ils se plaignent de maux physiques, éprouvent des problèmes scolaires et ont de la difficulté à s'entendre avec leurs camarades. Les rescapés d'âge adulte forment un groupe qui comporte de hauts risques de développer des troubles émotionnels.

En règle générale, la guérison est déterminée par la capacité de revivre l'événement dans un contexte sécurisant, de comprendre pleinement sa signification et de le partager avec d'autres personnes. Malheureusement, la peur et la honte empêchent souvent les gens de raconter leur histoire. Quand ils le font, ils risquent parfois de se discréditer. Bien des observateurs ont remarqué l'apparence impassible avec laquelle les gens racontent d'horribles expériences de persécution, de harcèlement et même de torture. L'auditeur qui ne décèle pas que cet « engourdissement psychique » fait partie du trouble et représente la seule façon dont les gens peuvent vivre avec des souvenirs d'horreurs inimaginables, peut mal interpréter ce stoïcisme et croire que l'inimaginable n'est, en fait, jamais arrivé.

Parler des désordres dûs au stress post-traumatique et montrer que cela peut arriver chez des gens autrefois sains mais qui ont été exposés à différents types de catastrophes ne doit pas nous aveugler sur le fait que chaque individu réagit au stress d'une façon unique qui dépend en partie de sa culture. Par exemple, des clients bien placés et autorisés m'ont rapporté qu'un Latino-américain qui avait été torturé et avait cédé sous la souffrance, non seulement souffrait des effets de la torture, mais aussi avait le sentiment humiliant d'avoir trahi son idéal culturel de virilité. Par ailleurs les Cambodgiennes ont été tellement victimes de viol et de torture que le stigmate peut être moindre que dans d'autres groupes; il y a une tendance à interpréter l'expérience comme le fruit de la fatalité. Tous ces constats dans la population immigrante ont-ils mobilisé d'emblée la population globale d'accueil ? Souvent, ce sont des noyaux restreints qui se chargent de sensibiliser l'ensemble de la société hôte à de telles situations. Ce fut le cas au Québec, où le Centre Monchanin de Montréal, devenu aujourd'hui « l'Institut Interculturel de Montréal » commença des rencontres d'échanges interculturels pour faire connaître les cultures des Indes, d'Afrique, d'Amérique latine et des Caraïbes. Les réflexions et les travaux de ces rencontres d'échanges ont aussitôt eu un impact dans les hôpitaux et les centres de services sociaux de Montréal dont les praticiens se sont inquiétés du non-recours à leurs services par la plupart des membres des communautés dites « ethnoculturelles ».

En effet, aux difficultés d'intégration que rencontrent les immigrés s'ajoute, notait déjà le Rapport de la Commission Rochon, le problème d'accès aux services sociaux et aux services de santé. Lors d'une vaste consultation menée par le Conseil consultatif des communautés culturelles et de l'Immigration du Québec, on a, de fait, pu observer que la formation actuelle des intervenants ne les habilite guère à rendre des services ou à agir auprès de clientèles ayant des habitudes, des valeurs, une culture et des comportements différents de l'ensemble de la population. De plus, les établissements seraient sous-équipés pour tenir compte de ces particularités. Tout se passe comme si les services offerts n'avaient pas encore réussi pleinement à s'ajuster à l'évolution ethnoculturelle du Québec.

Et quelle peut être la dynamique sociale de la santé mentale dans une société pluriethnique ? Nous disposons certes déjà de certains facteurs de fragilisation et de protection de la santé mentale des immigrants (voir Beiser, 1984), mais nous savons peu sur les communautés ethniques de plus vieille souche.

De plus, la question plus générale de la socio-dynamique de la santé mentale dans une société pluriethnique a souvent été abordée de façon globale et systématique, en référence principalement aux postulats suivants :

* la santé mentale des membres d'une communauté, indépendamment de sa composition démographique, est tributaire de l'interaction organisme-milieu, le vocable « milieu » incluant autant l'environnement physique que l'environnement social, politique et culturel;

* dans certaines conditions, une telle interaction, même conflictuelle, favorise la santé et le développement de l'organisme. Dans d'autres circonstances, cette interaction entraîne un épuisement de la capacité d'adaptation de l'organisme et débouche sur diverses formes de marginalisation;

* la hiérarchie des besoins et la capacité d'adaptation varient en fonction des individus et des communautés ethniques. Individus et communautés ethniques se retrouvent cependant toujours en interaction avec les configurations dynamiques dont les éléments constitutifs peuvent jouer un rôle de protection ou de fragilisation de la santé mentale;

* les configurations dynamiques sont tributaires du « politique » en ce sens qu'il détermine, en ce qui a trait au quotidien, la place des individus et des sous-groupes sociaux dans la société globale, les modalités d'interaction entre individus et sous-groupes sociaux, la définition et la hiérarchie des besoins, les conditions de négociation de ces besoins, telles que réglementées par les institutions et les services, et la hiérarchisation des valeurs et des qualifications des modes de vie, telles que véhiculées par les institutions économiques, juridiques, éducationnelles, religieuses et culturelles;

* l'analyse de ces configurations dynamiques permet d'identifier des facteurs de protection ou de fragilisation de la santé mentale. Une configuration dynamique joue un rôle de protection si elle permet la négociation ou la satisfaction des besoins tels que définis et hiérarchisés par la communauté concernée, et si elle aborde les valeurs, savoirs et modes de vie de cette communauté avec un respect qui n'exclut pas la critique et la contestation réciproque.

Par contre, quand elle entraîne la frustration chronique des besoins, elle constitue un facteur de stress susceptible de déboucher sur diverses formes de marginalisation, dont les plus courantes sont la rébellion collective (phénomène de gangs, « ghettoïsation » oppositionnelle, etc.), le parasitisme social, la délinquance, les maladies physiques, psychosomatiques et mentales et parfois même le suicide.

Une configuration dynamique joue également un rôle pathogène quand elle disqualifie les valeurs, les savoirs et le mode de vie d'une communauté, car elle peut entraîner des troubles du processus d'identification (absence d'identification ou constitution d'un faux soi), et des bouleversements de la dynamique familiale susceptibles de déboucher sur la violence, la désintégration familiale et la marginalisation individuelle ou collective.

Sous-utilisation des services sociaux et de santé

Dans beaucoup de colloques et symposiums organisés à cet effet, les intervenants se sont beaucoup interrogés sur les motifs ou les causes de cette sous-utilisation des services sociaux et de santé mentale par les membres des communautés ethnoculturelles. Un thème dominant revient dans les réflexions et même les écrits sur les migrants et les services sociaux et de santé mentale : celui de la sous-utilisation de ces services. Bien que certaines études indiquent que les cas d'hospitalisation sont plus fréquents chez les migrants que chez les personnes originaires du pays hôte, les cabinets de consultation privés et les centres communautaires recrutent davantage leur clientèle chez les personnes originaires du pays hôte que chez les migrants. L'on peut se poser la question de savoir si l'approche de la santé-maladie varie selon les cultures.

La tentation ethnocentrique

Ce n'est qu'au cours des trois dernières décennies que certains courants d'anthropologie médicale ont développé le type d'introspection permettant aux sociétés technocratiques occidentales et nord-américaines de réaliser à quel point l'approche du champ de la santé et de la maladie était fonction des cultures spécifiques et de leurs conceptions et valeurs propres. Des auteurs comme Kleinman (1980), Lefley (1984), Prince (1984), Devisch et Gailly (1985), l'ont fortement souligné. En effet, le propre de toute culture est de se percevoir et de se présenter à ses membres comme une « évidence ». Et quand elle est en attitude de dominance politique, elle tend alors à se présenter comme une évidence universelle. G. Bibeau et al., dans leur ouvrage : *La Santé Mentale et Ses Visages* (1992), soulignent que cet ethnocentrisme entraîne des idées préconçues, tant dans la pratique clinique quotidienne que dans l'enseignement, la recherche, les programmes de prévention et de planification des services.

Des auteurs comme Murphy (1977), Lin (1982), Rack (1982), Delgado (1979), Beiser (1984), envoient un message clair aux cliniciens, chercheurs et administrateurs : « culturelles », disent-ils, disposent de leur propre système d'approche de la santé et de la maladie, système qui comprend :

* un savoir relatif au corps, à son fonctionnement, à la personne et à ses composantes, à l'identification des maladies à travers des signes spécifiques, à la classification et à l'interprétation des problèmes ;

* un savoir-faire qui est fait de réactions et de réponses aux problèmes allant du soutien donné par la famille au traitement par des spécialistes partageant le même univers de référence que la personne malade;

* un savoir-être qui renvoie aux valeurs que le groupe met à la base de ses conceptions de la vie, de l'être humain et de la vie avec les autres.

À des degrés divers, ce système influence leur attitude devant la vie, la mort, la santé et la maladie. Corollairement, il détermine leurs rapports avec la médecine officielle, ses institutions, ses services et ses intervenants.

Dans leur interaction avec la culture dominante et la médecine officielle, ces « systèmes médicaux ethniques » sont inévitablement soumis à un processus d'acculturation et, dans certains cas, ils en viennent à disparaître par assimilation. Par contre, d'autres communautés ethniques— spécialement celles à grande cohésion interne, à forte représentation démographique et à grande distance culturelle— conservent et entretiennent délibérément la spécificité de leur approche, laquelle est liée à une « constellation culturelle » et implique notamment : une conception spéciale de la vie et de la mort; un lien spécifique au corps, à l'univers vivant et au monde inanimé; un rapport particulier individu-famille-réseau-société; des coutumes diététiques et hygiéniques propres; un système de références précises aux valeurs logiques, éthiques et esthétiques.

Lorsqu'on cherche à mettre de l'ordre dans les nombreuses données relatives à la santé mentale de l'ensemble de la population canadienne et plus particulièrement lorsqu'on examine ces données du point de vue de la composition multiculturelle du Canada, on se retrouve devant quelques schémas dominants d'organisation des connaissances.

Souvent, c'est encore de manière approximative que les chercheurs répondent aux questions suivantes : quels sont les principaux problèmes de santé mentale qui affectent la population du Canada et du Québec ? quels sont les catégories de personnes ou de groupes sociaux les plus touchées ? quelles sont les caractéristiques des personnes ou de leur contexte de vie qui expliquent la présence de ces problèmes ? quels sont les facteurs négatifs de fragilisation et positifs de protection qui se trouvent dans les groupes les plus touchés et ceux qui le sont moins ? Il est difficile de répondre à toutes ces questions pour plusieurs raisons :

* la santé mentale peut être conçue de plusieurs façons, de sorte que les expressions « problèmes de santé mentale », « problèmes psychosociaux » et « troubles mentaux » peuvent recouvrir des réalités différentes (problèmes légers à graves, émotionnels à sociaux), le champ de la santé mentale étant globalement un domaine aux frontières imprécises;

* les recherches contiennent toujours un modèle étiologique implicite; le plus souvent il s'agit soit du modèle adaptatif, qui met l'accent sur les conditions stressantes externes, soit du modèle de vulnérabilité, qui insiste davantage sur les ressources personnelles et les caractéristiques psychologiques de l'individu; peu de recherches utilisent une intégration des deux modèles, ce qui constituerait pourtant l'approche la plus intéressante;

* les données sur la santé mentale proviennent généralement de trois sources : de larges enquêtes de population, qui restent souvent assez superficielles, d'une analyse des statistiques d'utilisation des services, et enfin d'études approfondies de cas cliniques;

* les planificateurs et les administrateurs des services privilégient les recherches épidémiologiques sur la prévalence des problèmes ainsi que les études de besoins parce qu'elles sont généralement descriptives, factuelles et quantitatives.

Mais le schéma fondamental est d'orientation dichotomique : d'un côté on part généralement de l'hypothèse que la population canadienne forme un tout homogène, et de l'autre, on reconnaît qu'il y a les « autres », ceux qui appartiennent aux communautés dites culturelles, tout en les regroupant dans un même ensemble sans distinction aucune. Pas de différenciation à l'intérieur de ce groupe qu'on appelle des allophones.

Cette approche a sans doute l'avantage de permettre une certaine généralisation des connaissances disponibles et une élaboration, à partir de cette base, de plans d'action visant de grands ensembles de populations, sans avoir à effectuer des différenciations internes au sein de ces regroupements. L'approche comporte cependant plus de désavantages que d'avantages.

Dans cette perspective, le regard demeure extérieur et l'accent est principalement mis sur la population immigrante en tant que porteuse de problèmes spécifiques, plus que sur la société hôte ou sur la différenciation culturelle entre les différents groupes d'immigrants. Cette lecture de la réalité en termes bipolaires a aussi pour résultat de générer une double exclusion :

> Elle cache le caractère culturel du Canada (francophone et anglophone) traditionnel et l'influence que

cette culture de la majorité peut avoir sur la santé mentale de la population et sur la forme des services que le pays s'est donnés;

Elle évacue l'hétérogénéité de la majorité canadienne et québécoise et de ses deux cultures dominantes et elle tend à minimiser le caractère partagé de certains problèmes économiques ou sociaux et d'acquis qui créent une certaine ressemblance entre diverses fractions de la majorité et différents groupes de personnes issues des communautés culturelles. Cette double exclusion a le désavantage de conduire à une planification unidirectionnelle et homogénéisante des services sans que leurs concepteurs interrogent vraiment les fondements culturels et sociaux sur lesquels reposent ces institutions et sans qu'ils se demandent si ces fondements socioculturels correspondent vraiment à l'hétérogénéité de la société canadienne.[2]

Le type d'approche qui prévaut au Canada et au Québec dans l'étude des problèmes de santé mentale est lui aussi largement tributaire d'une lecture épidémiologique de ces problèmes. Non seulement l'ensemble des groupes immigrants tend à être mélangé en un regroupement global indifférencié, mais de plus, le modèle se limite, dans le meilleur des cas, à considérer les aspects culturels comme une variable de plus qu'il suffirait de juxtaposer aux variables démographiques, économiques, sociales et contextuelles.

Je pense qu'il serait primordial de complexifier ce modèle si l'on veut vraiment se doter des moyens de comprendre la spécificité des problèmes de santé mentale qui se posent dans les communautés culturelles et si l'on souhaite mettre en place des services et des institutions qui soient socialement et culturellement adaptés aux caractéristiques

---

[2] G. Bibeau et al., *La santé mentale et ses visages. Un Québec pluriethnique au quotidien*. Gaétan Morin éditeur, Québec. 1992, p. 18

variées des populations immigrantes installées au Canada et au Québec.

Les services compétents des ministères de la santé et des services sociaux devraient susciter un courant de réflexion chez les cliniciens, chercheurs, formateurs, administrateurs et planificateurs dans le double but de leur faire prendre conscience que les institutions publiques et les modèles dominants d'intervention sont directement inspirés par les valeurs occidentales nord-américaines et de les ouvrir à l'exploration de nouvelles voies qui tiennent davantage compte de la différenciation sociale, culturelle et économique croissante de notre société.

Il est possible que certaines populations de migrants « sous-utilisent » les services sociaux et de santé mentale tout simplement parce qu'elles n'en ont pas besoin. Mais d'autres explications ont été trouvées qui sont fondées sur des données précises se rapportant aux migrants et à leurs cultures respectives.

En premier lieu, les chercheurs s'accordent généralement pour dire que l'utilisation par les immigrants des services sociaux et de santé mentale dépend, dans une large mesure, de l'idée qu'ils se font de ces services et de la maladie mentale.

Des personnes issues d'un milieu central traditionnel peuvent juger normaux des troubles « mineurs » tels que les phobies, les symptômes de dépression ou de stress causé par un deuil ou un divorce, troubles qui justifient pour bien des Canadiens le recours à un spécialiste. Par ailleurs, les troubles psychiques graves dûs à un état schizophrénique ou à une lésion cérébrale, par exemple, sont souvent considérés comme autant de punitions divines infligées pour des fautes commises, et attirent donc sur les victimes et leur entourage la honte et le déshonneur.

Les personnes qui souffrent de tels troubles tentent de dissimuler leur état, et leur famille peut les garder en quarantaine pendant une longue période. Bien que les chercheurs attribuent la sous-utilisation des services de santé mentale principalement aux phénomènes de mise en quarantaine, les facteurs culturels semblent avoir une incidence majeure sur la façon dont les migrants ont recours aux services communément offerts dans les domaines de services sociaux et de santé mentale.

S. Sue (1977), par exemple, a constaté qu'environ la moitié des clients d'origine asiatique ou hispano-américaine qui sont passés dans les centres de santé mentale de la région de Seattle, sur une période de trois ans, ont omis de se présenter à nouveau après la première visite.

Selon une autre étude portant sur les Américains d'origine mexicaine (Miranda, 1976), les chances de réussite de la thérapie sont proportionnelles au niveau d'acculturation des sujets. De même, Allodie et Fantini (1985) ont démontré que les Canadiens d'origine italienne établis à Toronto utilisaient plus fréquemment les services de santé mentale qui avaient été modifiés de manière à mieux respecter leur identité culturelle.

Ceci amène à penser qu'une amorce de solution possible consisterait à sensibiliser les cliniciens eux-mêmes aux particularités culturelles. Ils seraient alors à même d'évaluer le comportement et les besoins du patient ou du client et d'interpréter les données relatives à son état au moyen d'une grille d'analyse conforme aux particularités de sa culture. Dans la même perspective, le manque de connaissances sur les connotations culturelles associées aux symptômes de troubles mentaux peut facilement conduire à des erreurs de diagnostic.

Étant donné l'étroite relation entre les troubles mentaux et les comportements sociaux, la sous-utilisation de services de santé par les immigrants a été douloureusement ressentie dans les services sociaux du Grand Montréal. Et c'est alors que les Centres de Services Sociaux du Montréal Métropolitain, prenant conscience du fait multiethnique et multiculturel, ont commencé à sensibiliser les praticiennes et les praticiens sociaux à l'interculturel, s'appuyant sur les travaux de madame Kalpana du Centre Interculturel Monchanin de Montréal.

Depuis lors, la prise de conscience de l'interculturel se fait peu à peu, mais nous sommes encore loin d'affirmer que la population canadienne a totalement pris conscience et pratique l'interculturel dans les relations avec les cultures allogènes. Il y a, sans doute, encore beaucoup de questions à éclaircir.

2. Où en est l'intervention sociale dans le pluralisme culturel ?

Un regard sur le champ de réflexion

Je commencerai par remarquer que le problème du travail social et du pluralisme culturel actuellement en plein chantier, est loin d'avoir trouvé toutes les réponses appropriées. La question elle-même peut être posée de façons très diverses avec comme conséquence une perception également variée du problème. Par exemple, la perspective sera fort différente selon qu'on se place du point de vue de la société d'accueil ou de celui des immigrants eux-mêmes, du point de vue de la culture dominante ou des minorités, de l'institution ou du client, de l'efficacité administrative ou du bien-être du client, ou encore selon que l'orientation privilégiera la société majoritaire ou le pluralisme.

La plupart des délibérations sont influencées par les idéologies socio-politiques et reflètent les préoccupations d'efficacité institutionnelle et professionnelle qui préoccupent le plus les services sociaux des agences et des établissements du réseau.

Lorsque les leaders ethnoculturels entrent dans le débat, c'est souvent pour revendiquer leurs droits, ce qui crée un climat de rapport de forces. La légitimité de tous ces efforts n'est pas remise en question ici, mais il est important de souligner qu'on court le risque de perdre de vue l'intérêt et le bien-être de ceux-là mêmes que l'on entend aider et servir.

Les réflexions suivantes se veulent un effort de compréhension de la clientèle en question, qui doit être placée au centre même des délibérations et non à la périphérie. Effort aussi d'appréciation des difficultés et des obstacles particuliers que rencontrent les travailleurs sociaux dans leur travail auprès d'une clientèle culturellement diversifiée.

État du problème

En 1972, le Centre des Services Sociaux du Montréal Métropolitain cherchait à rejoindre la population immigrante (Équipe de services aux immigrants). En 1978, le Ministère de l'immigration du Québec reconnaissait la nécessité de tenir compte des valeurs culturelles et des croyances dans les procédés d'évaluation de la clientèle immigrante (Lamothe et Prud'homme).

En 1981, le Ministère des communautés culturelles et de l'immigration du Québec remarquait que les services sociaux sont sous-utilisés par les diverses populations ethnoculturelles. En 1984-85, le Conseil des services sociaux et de santé de la région du Grand Montréal et un groupe de pression représentant 30 organismes communautaires, le comité de travail sur l'accessibilité des services sociaux et de santé aux communautés culturelles, prônaient une plus grande accessibilité des services institutionnels aux communautés ethnoculturelles. En 1987 et 1988, les rapports de comité Sirros (1987) et de la commission Rochon (1988) réitéraient ce même besoin.

Ces études révèlent que, dans les années 1970, on sentait que les établissements du réseau ne rejoignaient pas les populations ethnoculturelles autres que celles d'origine anglaise, française et juive. Dans les années 1980, on diagnostiqua le problème en identifiant les causes : le problème tiendrait à l'accessibilité et à la sous-utilisation des services. On attribuait ce manque de service à la langue et aux valeurs culturelles. Deux autres facteurs de sous-utilisation des services : l'incompétence linguistique et le manque de sensibilité culturelle des travailleurs sociaux, étaient soulignés en 1986.

De plus, les leaders de plusieurs communautés ethnoculturelles mettent de l'avant les compétences linguistiques et culturelles de leurs propres organismes communautaires et demandent du support financier. Devant tous ces efforts, le tableau reste incomplet : dans ce débat, on entend d'un côté la voix des institutions, des décideurs de politiques, des professionnels et des universitaires de la culture dominante et, de l'autre, la voix des groupes de pression et de leaders ethniques qui prétendent représenter leurs communautés respectives. Mais rien n'est fait pour connaître le point de vue de la clientèle.

En invoquant les compétences linguistiques ou en déplorant leur manque chez les clients immigrants, l'on semble oublier que le langage n'est pas seulement un instrument de communication. C'est aussi un ordre symbolique où les représentations, les valeurs, les pratiques sociales trouvent leurs fondements. Ces dimensions du social ne sont pas disjointes; au contraire elles s'interpénètrent profondément.

Les représentations et les valeurs à travers lesquelles une société construit sa vision du monde et son identité résident essentiellement dans le langage; celui-ci est ainsi l'agent fondamental de la socialisation de l'individu et de son intégration à la culture. Mais la culture elle-même n'est pas extérieure à l'ordre du discours : le langage ne se contente pas de mettre des « noms » sur des objets physiques et culturels; il est le champ où ces objets sont produits comme représentations sociales; plus qu'un reflet de la réalité culturelle, il est la condition constitutive de sa possibilité.

Enfin langage et représentation sont des dimensions, et peut-être les plus importantes, sur lesquelles s'édifient les identités collectives, par différentiation avec d'autres groupes. Le passage d'une langue à une autre suppose le passage à d'autres modes de représentation, de raisonnement et de pensée, et donc à une autre forme de culture. Cette thèse, assez convaincante, a cependant des limites; en effet une même langue peut être parlée dans des aires culturelles très différentes; d'autre part, dans un même pays, la culture a pu changer radicalement en quelques siècles, alors que les structures morpho-syntaxiques de la langue n'ont pas connu de semblables transformations.

Ainsi, quelles que soient les relations indéniables entre la langue et la culture au niveau structural et monophonématique, le linguistique et le culturel semblent deux champs de phénomènes largement indépendants et arbitraires l'un par rapport à l'autre.

La perspective change au contraire lorsqu'on met en relation le langage et la culture et lorsqu'on ne se pose plus seulement le problème de la forme linguistique mais du sens.

L'égalité culturelle

L'égalité culturelle est une condition destinée à maintenir la diversité culturelle. Égalité voudrait dire que toutes les cultures ont le même poids; par leur capacité d'enrichissement de la culture d'accueil, elles jouissent de la même importance. Dans le cas du Canada, contenu déjà dans les documents de 1971, le principe de l'égalité culturelle a reçu, en 1978, une consécration solennelle : « Même si par la loi des nombres, il est normal que les cultures anglaise et française prédominent, il ne saurait y avoir au pays ni une, ni deux cultures officielles. La société canadienne doit avoir clairement et spécifiquement comme objectif de favoriser la diversité. Par conséquent, nous devons mieux assurer l'égalité des chances pour tous les Canadiens et mieux les prémunir contre toutes formes d'inégalité de traitement » (Le temps d'agir, 1978).

La liberté culturelle

C'est « le fondement philosophique et moral de la politique du multiculturalisme ». Elle est conçue ainsi : « La politique culturelle du gouvernement se fonde sur la conviction qu'il est impossible de donner une définition officielle et fonctionnelle de l'orientation culturelle dans une société, sans ruiner ou même supprimer la liberté individuelle. Une société qui cherche à imposer une orientation culturelle unique et à se cantonner dans un cadre resteint pour conserver son identité, se voit entraînée à réduire la libre expression des individus. Lorsqu'on agit en fonction d'une culture officielle, on finit par tout institutionnaliser : langue, culture, religion, vie sociale, économique, politique, territoire. Aucun projet collectif ne justifie qu'on étouffe la liberté individuelle. » (Un choix national)

Ce sont ces principes fondamentaux qui ont inspiré les différents programmes et mesures concrètes mis de l'avant, au fil des années, par le Secrétariat d'État au multiculturalisme. Il est question de diversité « culturelle, » d'égalité « culturelle, » de liberté « culturelle ».

L'on est en droit de se demander comment les élites libérales, comment les Québécois envisagent la notion même de culture, la différence culturelle. Avant d'examiner ces notions et leurs implications dans les chapitres qui suivent, disons tout de suite que la présentation simultanée de deux doctrines du multiculturalisme canadien et celle de la convergence culturelle du Québec ne semblent pas de nature à faciliter la compréhension et la pratique interculturelle des immigrants.

3. Les questions à explorer : la différence culturelle

Parmi les questions à explorer, commençons par la différence culturelle. Sur le plan social, la société occidentale et nord-américaine fonctionne dans le cadre d'une hiérarchie de cultures plutôt que d'une égalité entre cultures qui serait basée sur la reconnaissance de leurs différences. Il existe une relation de verticalité entre les communautés culturelles, relation qui se traduit par une stratification accentuée entre une culture dominante normative et les « autres » cultures. Ainsi, la différence culturelle peut même être perçue comme signe d'un retard par rapport à la culture dominante, plutôt qu'une simple manifestation d'un système de valeurs différent.

Sur le plan économique, les groupes « ethniques » sont vite identifiés à la classe des défavorisés et des sousprivilégiés de la société. Au lieu de reconnaître leur apport culturel propre, c'est-à-dire leur savoir-faire, leurs connaissances et leur expertise dans les différents domaines de l'activité humaine; au lieu de reconnaître que tout individu placé dans un environnement socio-culturel étranger est en position de ré-apprentissage face à son nouvel environnement, on les étiquette d'arriérés, d'inexpérimentés et même, dans certains cas, d'ignorants et de non-civilisés. À cause de leurs différences culturelles, on perçoit les communautés « ethnoculturelles » comme une menace au bon fonctionnement et à l'ordre dans la société et ses institutions.

La population « ethnoculturelle » de son coté perçoit la culture dominante et ceux qui la représentent comme étant dominateurs et oppressifs, au lieu de les percevoir simplement comme différents. En règle générale, étant donné que la culture dominante est normative, les groupes « ethnoculturels » ont vite fait de lui prêter une supériorité par rapport à eux-mêmes. Ceci donne lieu, dans la population « ethnoculturelle », à une disposition ou attitude à l'égard de la culture dominante et de ses représentants qu'on pourrait qualifier de suspicion et de méfiance. D'où aussi un sentiment profond d'ambivalence, voire même un complexe d'infériorité ressenti par cette population envers sa propre culture.

Les expériences historiques vécues par les différentes communautés « culturelles » en Europe et en Amérique du Nord ont également contribué à faire naître certaines attitudes qui, souvent, sont un obstacle presque insurmontable à l'établissement d'une relation de confiance. Par exemple, pour les Autochtones, l'expérience de dépossession de leurs terres et de leurs traditions; pour les Noirs, le traumatisme d'avoir été arrachés à leurs terres ancestrales, puis d'avoir subi l'esclavage, d'avoir été victimes d'exploitation et enfin d'être, même aujourd'hui, considérés comme des êtres inférieurs; pour les Asiatiques, l'histoire des lois discriminatoires de l'immigration dont ils ont été l'objet et les restrictions par rapport à leur mobilité sociale, etc.

Les implications

Ces attitudes et dispositions réciproques entre la culture dominante et les autres ont évidemment une influence sur les relations intergroupes ainsi que sur les relations entre institutions, par exemple, les services de santé et les services sociaux d'une part, et les populations « ethnoculturelles » de l'autre. Les différences culturelles se sont avérées une source de malheur pour les gens, ce qui donne lieu souvent à des comportements psychosociaux typiques. Par exemple, chez les travailleurs de la santé et des services sociaux, on dira : « Pourquoi ne peuvent-ils pas être tous des Canadiens ou des Québécois ? Les choses seraient beaucoup plus simples », ou encore : « Faut-il respecter totalement la culture des immigrants ou simplement les assimiler à la culture canadienne ? »

Chez les communautés « ethnoculturelles », on retrace ce comportement qui consiste dans une sorte d'autonégation où les gens se cachent leurs différences soit à eux-mêmes, soit aux autres et se retiennent de les reconnaître ou de les manifester.

Les communautés « ethnoculturelles » sont souvent présentées sous forme de catégories sociales homogènes. Elles constituent un sérieux obstacle à la compréhension de la « distance », c'est-à-dire l'éloignement ou la proximité (sociale, politique ou dans les attitudes) qui existe ou peut exister entre les cultures en situation d'interaction.

Ce concept de distance est un point fort important dans la communication et les relations interculturelles, et fort pertinent par rapport au thème en discussion. Le présupposé ici est qu'il n'existe pas de type standard d'interaction entre les groupes culturels.

L'usage du terme « groupe ethnique » pour désigner tout groupe culturel autre que le groupe majoritaire, engendre une idée fausse. Car cette catégorisation des minorités conduit à des erreurs telles que l'idée selon laquelle seules les minorités sont des groupes ethniques, ce qui présuppose que le groupe majoritaire n'en est pas un. Or « groupe ethnique » réfère à l'identité fondamentale d'un groupe. Il renvoie à l'appartenance à un groupe fondé sur des affinités et des attachements primordiaux. En ce sens, tout groupe, grand ou petit, majoritaire ou minoritaire est un groupe ethnique dans lequel les membres partagent un patrimoine ou héritage commun.

Cette façon de désigner les groupes semble évacuer l'essence culturelle du groupe majoritaire et lui conférer un rôle socio-politique normatif. En conséquence, on introduit, dans les rapports entre communautés culturellement différentes, un élément de verticalité ou une relation du centre versus périphérie.

La deuxième idée fausse est reliée au terme « communauté culturelle » dont l'usage est particulier en contexte canadien. Ce qui vient d'être dit de l'usage du terme « groupe ethnique » vaut aussi pour l'usage que l'on fait du terme « communauté culturelle », en particulier par rapport à sa dynamique socio-politique. De plus, en utilisant le terme communauté culturelle pour désigner seulement les communautés autres que majoritaires, on finit par n'accorder qu'un rôle « culturaliste » et apolitique à ces communautés[3]. La question se complique du fait que la majorité se reconnaît aussi un rôle culturel et, qui plus est, un rôle culturel qu'elle veut normatif. Ceci est dû au mouvement d'affirmation de son identité nationale culturelle par la majorité francophone du Québec. Pour affirmer son identité culturelle, la majorité a une tendance prononcée à promouvoir la culture française comme étant la culture normative pour tous. Cette tendance s'affirme de façon très claire dans l'idéologie du « Foyer de Convergence ».

La troisième idée fausse provient de l'usage d'autres termes comme « immigrants », « minorités », « allophones » où tous les groupes sont mis ensemble, sans distinction, sous une même catégorie sociale. Cela porte à croire qu'ils for-

---

[3] Voir D. Guay, « Réflexions critiques sur les politiques ethniques du gouvernement fédéral canadien et du gouvernement du Québec, 1971-1985 » *Revue internationale d'Action communautaire*, 14/15, Automne 1985.

ment une seule catégorie de gens, définis par leur rapport à la majorité. Mais même si de fait, ces groupes partagent l'expérience de l'immigration, ils sont très distincts, parfois même radicalement, de par leurs cultures respectives et leurs expériences de vie.

On ne saurait ignorer l'importance de la distance culturelle et de ses ramifications sur l'interaction entre groupes, aux niveaux individuel, communautaire, social, politique et institutionnel. Contentons-nous de noter quelques exemples qui peuvent aider à comprendre les attitudes et les dispositions qui existent entre les travailleurs sociaux et les clients lorsqu'ils sont de culture différente. Les dispositions dont il s'agit ne peuvent fournir des clés pour décoder certains des comportements psychosociaux des uns à l'égard des autres. Les exemples que nous allons mentionner peuvent expliquer les variations existantes dans l'utilisation ou la non-utilisation par les différents groupes culturels des services sociaux institutionnels.

Les professionnels de l'aide, assistants sociaux, éducateurs et psychologues, confrontés dans leur pratique à de nombreux immigrés et à leurs familles, se posent des questions quant à leur capacité d'établir des relations interculturelles fondées sur la compréhension et l'acceptation des différences, jugeant *à priori* erronées certaines de leurs évaluations et actions.

Quand on se penche sur les aspects de formation à l'approche interculturelle, on constate combien la perception, la compréhension, même le respect de la différence sont difficiles et longs à acquérir pour les individus. Nos perceptions sélectives, la peur de l'étranger, les préjugés ethnocentriques, les tendances à la schématisation et à la banalisation et même le racisme sont des filtres et écrans cognitifs et affectifs qui font obstacle au développement d'une ouverture à la culture de l'autre, à la reconnaissance et à la tolérance des différences.

Une connaissance large et approfondie de l'autre culture permettrait de dépasser ces difficultés. Mais les professionnels de l'aide ne peuvent transmettre des informations approfondies sur toutes les cultures avec lesquelles ils entrent en contact, et même si cela était possible, ils ne pourraient couvrir les multiples situations réelles d'interaction de leur pratique professionnelle. Une pédagogie de la relation interculturelle doit donc se donner des objectifs.

Le premier objectif serait de cerner ses propres représentations, ses modèles socioempiriques issus de son système de valeurs et de normes et de ses choix idéologiques. Il ne s'agit plus, comme dans une pédagogie classique, de les aborder de manière négative en tant qu'obstacles ou notions erronées, ou même de les ignorer, mais au contraire d'essayer de les préciser car elles fondent la pratique sociale et professionnelle de la personne.

La représentation peut être considérée comme un modèle personnel d'organisation des connaissances sur un sujet déterminé lié à la pratique du sujet. C'est aussi un modèle explicatif, la grille de lecture, le code qui permet à la personne de donner un sens, une signification à l'univers qui l'entoure, aux situations qu'elle rencontre.

L'origine sociale des représentations leur confère une importance primordiale lorsqu'on doit décoder un autre contexte social. Il s'agit donc de susciter l'émergence de ces représentations car elles sont souvent inconscientes, se présentent à la personne comme la réalité, ou comme des références familières qui vont de soi, d'autant plus prégnantes qu'elles sont pratiquées par le milieu social environnant, généralement homogène (parents, amis, collègues).

Le second objectif serait de donner des informations sur les spécificités culturelles dans les segments, les zones où le professionnel et le migrant ont le plus de mal à communiquer et à se comprendre. Dans ces relations interculturelles le heurt avec la culture de l'autre joue alors comme révélateur de sa propre culture, permettant, à partir d'une connaissance de l'autre avec ses différences socio-culturelles, de se mieux connaître soi-même.

Il s'agit du choc culturel défini comme une réaction de dépassement, plus encore, de frustration ou de rejet, de révolte ou d'anxiété, en un mot, une expérience émotionnelle et intellectuelle, qui apparaît chez ceux qui, placés par occasion ou profession hors de leur contexte socio-culturel, se trouvent engagés dans l'approche de l'étranger; ce choc est un moyen important de prise de conscience de sa propre identité sociale dans le mesure où il est repris et analysé. Il est utilisé comme une démarche pédagogique dans l'éducation interculturelle.

Deux niveaux d'analyse

Le premier niveau est celui de l'analyse des représentations du narrateur à la base de l'appréciation et de la réaction à la situation relatée.

Les représentations sont examinées par rapport au cadre de vie, à l'éducation reçue, à la formation de base, aux valeurs et aux normes qu'il a intériorisées et même, pour les situations de travail, par rapport à la représentation du rôle professionnel et de l'institution que représente le travailleur social. Les aspects plus personnels, s'ils surgissent, sont pris en considération.

Le deuxième niveau est celui de la découverte de l'univers socio-culturel de l'autre mis en parallèle avec ses propres valeurs. Ce ne sera pas un recensement de différents traits isolés, impliqués dans la situation décrite, mais la recherche de configurations culturelles porteuses de significations, afin de ne pas tomber dans l'approche parcellaire définie comme : « ne percevoir que la partie apparente de l'iceberg », approche qui élimine les articulations des éléments entre eux en fonction d'un sens commun.

Souvent, par manque d'éléments, on ne peut faire que des hypothèses, poser des interrogations pour se mettre en recherche. L'apprentissage est donc fondé sur la compréhension approfondie de la culture de l'autre confrontée avec la sienne propre, uniquement dans les zones critiques où s'établit le plus souvent la rencontre du professionnel et du migrant, comme le dit Mauviel (1979), à partir de faits concrets liés à l'espace, au temps, aux attitudes du corps, aux pratiques quotidiennes remises dans leur contexte de sens plus général. C'est une découverte contrastée de ce qui est le plus différent et le plus difficile à supporter pour chaque professionnel.

L'identité culturelle est une notion fort complexe. Elle est au cœur de toute interaction entre cultures et affecte directement la question des services de santé et des services sociaux qui s'adressent à une clientèle culturellement variée. Cette notion mérite une attention particulière.

4. Notions de culture et d'identité culturelle

La culture est une notion vue diversement par les intellectuels; elle est comprise différemment par le public en général. La notion de culture évoque plusieurs images et comporte plusieurs significations. Certains la perçoivent comme un ensemble de caractéristiques statiques et inchangeables d'un groupe ou d'une société. Elle peut même provoquer chez plusieurs des appréhensions selon leurs orientations idéologiques. Pour les promoteurs de la « modernité », elle est perçue comme étant la culture humaine normative; leur en parler est pure perte de temps. La culture est même perçue comme un obstacle sinon une menace à l'universalisation de la modernité. D'autres, par contre, voient la modernisation comme une menace à la survie de la planète elle-même. Ceci illustre la controverse autour du terme, de son sens et de ses applications. Pourtant dans le quotidien, c'est une réalité dynamique à laquelle on n'échappe pas, même quand on tente de le faire.

« À mesure que l'apprenti anthropologue entrait de plus en plus profondément dans la vie du peuple qu'il étudiait, il ne pouvait échapper à la conviction que la culture est une réalité et non une pure construction du théoricien »,[4] constate E.T. Hall. Depuis longtemps les anthropologues

---

[4]   Edward T. Hall, *La dimension cachée*, Paris, Seuil, 1971.

définissent la culture comme « une façon de vivre » qui comporte des dimensions « implicites et explicites » (Kluckohn), « conscience interne et externe » (Sullivan) et « culture cachée et publique » (Linton). Avec l'avènement des études interculturelles, la notion de culture commence à intéresser singulièrement plusieurs secteurs de la société, comme les politiciens, les intellectuels, les militants sociaux, les organismes nationaux et internationaux.

Nous avons déjà reconnu que les notions de culture et d'identité culturelle sont au cœur de la problématique des services sociaux et de santé face à la diversité culturelle. Tout en gardant à l'esprit les limites qui lui sont inhérentes, je souscris à une définition de la culture qui englobe tous les aspects de la vie de l'être humain et de son vécu. Jusqu'ici, la plupart des spécialistes dans le domaine interculturel se sont préoccupés surtout des systèmes de valeurs et des modes de comportement des divers groupes humains. Mais la culture comprend davantage. Elle est le mode de vie intégral de tel ou tel groupe humain, y compris sa vision particulière du monde, sa spiritualité, ses symboles, ses mythes ou systèmes de signification et tout son système de valeurs.

La culture comprend la façon de penser, l'approche de la vie, le cadre psychologique d'un groupe donné de même que les pratiques sociales et matérielles comme l'économie, c'est-à-dire les façons de subsister et le système d'échange; les pratiques politiques et éducatives; la technologie et l'art. En d'autres termes, la culture est une réalité existentielle et dynamique qui inclut le savoir-être et le savoir-faire particulier à chaque groupe humain.

Quant à la notion d'identité culturelle, elle est aussi complexe aux plans psychologique, social et politique. On peut la définir comme le sens d'appartenance à un groupe humain où sont partagées avec les autres membres d'un groupe valeurs, façons d'être et d'agir, émotions, pratiques sociales et coutumes, manières et langue. L'identité culturelle offre à la personne, au groupe ou à la communauté une cohérence interne. Lorsqu'on sort de son groupe, on perd cette sécurité d'appartenance et les choses deviennent incohérentes. On subit un choc culturel.

Trois dimensions

L'identité culturelle comprend trois dimensions : la dimension morphologique, la dimension structurelle et la dimension mythique ou le niveau du sens commun. L'analogie la plus adéquate, au lieu de celle de l'iceberg, est l'analogie de l'arbre avec sa partie la plus visible, les branches et le tronc comme la structure, et sa partie invisible, les racines qui sont la force vitale de l'arbre tout entier.

Le morphologique renvoie à tous les aspects d'une culture qui se modifient avec une relative facilité, tels que certaines habitudes, coutumes, objets, technologies, etc. Le structurel renvoie aux aspects organisationnels tels que la famille et les structures sociales ayant trait à l'économique, au politique, au droit, à l'éducation, à la médecine, etc.

Le mythique renvoie au système de signification le plus profond. Concrètement, les habitudes et les coutumes peuvent prendre de nouvelles formes; les groupes peuvent penser à s'organiser différemment pour s'ajuster à un temps et un espace particulier. Mais c'est la dimension mythique—qui engage la vision du monde d'un groupe donné—qui assure à l'identité une force vitale constante et qui donne à l'existence son sens ultime. On pourrait la décrire comme la matrice irréductible d'une culture.

On discute beaucoup sur la question de savoir si la culture persiste en diaspora. Certains disent oui, d'autres disent non. Cependant l'histoire et les études anthropologiques démontrent que la culture est transportable. Les gens transportent leur culture dans leur être. Les cultures voyagent, elles sont exportées et transplantées. Par exemple les cultures européennes ont pris racine en Amérique du Nord, dans la terre des peuples autochtones; les cultures occidentales ont été et sont transplantées à travers le monde au moyen de la colonisation politique, économique et culturelle; les cultures africaines survivent au Brésil, en Haïti, à

Cuba, malgré leur répression systématique par l'esclavage et l'appareil étatique et ecclésiastique.

Les cultures persistent en diaspora. Mais cela dépend en bonne partie du climat social et politique de la société d'adoption. Par exemple les nations industrialisées ou dites développées exigent une plus grande homogénéité et standardisation des divers styles de vie culturels, car elles veulent maintenir un certain standard de vie et promouvoir une idéologie panéconomique. Ainsi les cultures immigrées sont invitées à adopter le plus tôt possible la culture dominante de la société d'accueil. Cette intégration devient une condition indispensable, une force contraignante pour son implantation. Malgré ces diverses contraintes, les cultures persistent à cause de leur dynamisme interne. L'exemple le plus illustre est celui de l'expérience du « melting pot » aux Etats-Unis, cette idéologie non réussie qui cherchait à créer une culture idéale homogène, la culture protestante anglo-saxonne.

La culture, une réalité dynamique

La culture est un dynamisme qui se manifeste à deux niveaux : au niveau interne, le dynamisme puise à la matrice irréductible d'une culture permettant à un groupe de voir, d'interpréter et de transformer son environnement : par exemple, la conception des cultures « blanches » de la nature et des relations que ces cultures entretiennent avec elle, a transformé l'environnement de façon inimaginable pour les peuples autochtones d'Amérique du Nord.

Au contact des forces externes d'un environnement social donné, l'identité culturelle réagit de façon dynamique : elle prend de nouvelles formes et donne de nouvelles interprétations d'elle-même. D'où émergent deux choses : l'identité culturelle change; elle change en continuité avec ses racines originelles. Elle n'est donc en aucune façon statique. Plusieurs facteurs affectent l'identité des immigrants : la migration comporte en elle-même une dynamique qui affecte l'identité culturelle. Les immigrants connaissent une situation commune, ils vivent tous le phénomène du choc culturel, à des degrés d'intensité variés selon la distance culturelle qui existe entre la société d'adoption et leur culture. De plus les individus n'ont pas tous les mêmes sensibilités, les mêmes susceptibilités.

L'immigration est généralement liée au déracinement, à la perte ou du gain, à la nostalgie et au deuil, d'après les raisons pour lesquelles on a émigré. La raison la plus courante d'émigrer est la recherche de meilleures conditions économiques. Mais aujourd'hui beaucoup de gens sont forcés d'émigrer pour échapper à la persécution politique, à la guerre, etc. Tous ces facteurs affectent l'immigrant de diverses façons. Il faut en comprendre les implications psychologiques et sociales.

Implications psychologiques : on fait l'expérience du choc culturel en termes de désorientation, de crainte, d'insécurité, d'aliénation, etc. Implications sociales : l'effondrement de l'infrastructure sociale particulière ébranle le sens d'appartenance; on se dissocie de son propre groupe culturel, on imite et adopte les normes et les pratiques de la société d'adoption, souvent sans en comprendre le sens. D'où l'ambivalence et l'ambiguïté chez l'immigrant, ce qui affecte la perception qu'il a de lui-même. Ceci à son tour affecte son sens d'identité culturelle.

En plus de ces phénomènes psychosociaux, il y a des forces externes qui affectent le sens d'identité de l'immigrant : la façon dont la société d'accueil perçoit l'immigrant et son groupe vient à faire partie de son autoperception; la tension entre, d'un côté, la pression pour qu'il s'intègre à la culture dominante de la société d'accueil et, de l'autre, les exigences de sa famille et de son groupe culturel pour qu'il maintienne ses liens avec ses racines. Oriol (1979) dit :

> L'autonomie des immigrants dans le processus d'intégration est toujours partielle et précaire; la pression pour qu'ils s'assimilent leur vient des écoles, des services sociaux et des avantages dont ils croient pouvoir jouir s'ils deviennent membres de la société d'accueil; la pression de la part des amis et des

connaissances, de la part aussi du Consultant va dans la direction opposée. Elle les prépare à un départ possible.[5]

Ce tiraillement dans les deux sens engendre une ambiguïté profonde à l'intérieur de soi et engendre des comportements psychologiques et sociaux inhabituels.

L'acculturation et l'intégration

Ce cheminement qui va du choc culturel à son ajustement viable à la société d'adoption est un processus complexe, du point de vue à la fois psychologique et sociologique. Il n'y a pas de modèle unique, pas de calendrier spécifique pour cet ajustement pouvant aider à avoir une vue unifiée de l'identité d'un groupe culturel. Chaque membre se trouve à divers points d'identification culturelle avec sa communauté particulière. Cette identification est fortement marquée par des facteurs comme le temps que l'on a passé dans la société d'adoption, le degré d'acculturation dans le nouvel environnement culturel, la génération à laquelle on appartient (la première, la seconde ou la troisième génération à vivre dans la société d'adoption).

On peut constater qu'il y a à l'intérieur de chaque communauté culturelle trois grandes catégories de personnes que l'on peut identifier, à savoir : les assimilées, les biculturelles, les uniculturelles.

La première catégorie décrit ceux qui ont un haut degré d'identification avec la culture dominante de la société d'adoption, au point que cette dernière se substitue à la culture originelle. Ce groupe manifeste un comportement social particulier (avec variations); par exemple, il se dissocie de sa culture d'origine et de sa communauté culturelle et garde ses distances par rapport à elle; elle résiste à l'idée de lui être identifiée et manifeste des attitudes paternalistes à l'égard des membres de son propre groupe culturel, etc. En

---

[5] M. Oriol, 1979 « Identité produite, identité instituée, identité exprimée », *Cahiers internationaux de sociologie*, vol. 66, p.19-27.

général, les deuxième et troisième générations dans la société d'adoption entrent dans cette catégorie.

La deuxième catégorie fait l'effort de vivre avec une sorte d'identité biculturelle. Elle a une double loyauté : d'un côté, à l'égard de la culture d'origine et, de l'autre, à l'égard de la culture de la société d'adoption. Certes, cette identité biculturelle porte en elle la promesse d'une coexistence harmonieuse des deux cultures, mais la plupart font l'expérience d'un conflit à l'intérieur d'eux-mêmes et manifestent une sorte de comportement opportuniste en choisissant les normes ou les valeurs culturelles de l'une ou de l'autre culture selon que ça les arrange. Le plus souvent, cela se fait de façon inconsciente et non intentionnelle.

Ce genre de comportement peut se retrouver dans toute situation où il y a interaction sociale : dans la relation parents-enfants, par exemple. La première génération d'immigrants est la plus susceptible de relever de cette catégorie.

Quant à la troisième catégorie, celle du groupe culturel, son seul point de référence est la culture d'origine. La plupart de ceux qui sont dans ce groupe s'y retrouvent parce qu'ils n'ont pas les connaissances linguistiques et professionnelles requises par la société d'adoption. Ils ne peuvent donc participer à la vie socio-économique dominante de la société d'adoption. Ce groupe est ordinairement classé parmi les autres groupes défavorisés ou sous-développés, à la manière des handicapés.

Suivant le milieu où elle a lieu—les cultures en présence, les cadres sociaux et les rapports de pouvoir—l'acculturation peut suivre divers processus.

1- Processus de synthèse : c'est ce qui arrive lorsqu'elle affecte les contenus matériels du groupe récepteur et qu'elle laisse intacte sa manière de les vivre, sa manière de penser et de sentir. Les contenus nouveaux sont « réinterprétés » en fonction du système culturel originaire et dotés de significations anciennes.

2- Processus de réinterprétation : l'acculturation est « formelle », c'est-à-dire qu'elle affecte les structures mêmes de la pensée et de la sensibilité du groupe récepteur. Elle caractérise essentiellement les sujets de la deuxième génération (à moins qu'ils n'aient fréquenté exclusivement une école de la communauté ethnique et côtoyé que des camarades de la même communauté).

3- Processus de syncrétisme : les éléments matériels et formels des deux cultures en présence se combinent pour donner naissance à un produit culturel nouveau et autonome (culture A + culture B = culture C) dans un domaine au moins.

4- Processus d'assimilation : il ne constitue pas la dernière étape de l'acculturation, mais son échec. Ce processus signifierait que les membres du groupe récepteur éliminent radicalement leur identité ethnoculturelle pour endosser une autre identité; c'est un processus d'ajustement mécanisé à l'engrenage social, c'est-à-dire une aliénation qui a pour effet la pathologie de la déculturation et, à son terme, de la dépersonnalisation.

5- Processus de contre-acculturation : fréquent en situation coloniale, il consiste dans le rejet brutal de l'acculturation et de ses acquis; la culture dominée, menacée de disparition, se reprend dans un ultime sursaut et tente de restaurer les modes de vie antérieurs, mais ces modes ne peuvent plus être les mêmes.

Il est à noter que cette catégorisation schématisée veut simplement souligner le fait que les membres d'un groupe culturel peuvent se situer à des points différents dans leur relation à leur identité culturelle. Les choses ne sont donc pas aussi claires que cette catégorisation peut le suggérer : beaucoup d'éléments s'entrecoupent si bien qu'il est difficile de déterminer qui tombe sous telle ou telle catégorie. On observe d'ailleurs que les communautés « ethnoculturelles » n'ont pas un caractère homogène.

Facteurs ethniques et raciaux

Nous avons déjà souligné les dangers qu'implique l'usage des termes « groupe ethnique », « race », etc. Cependant il y a lieu de creuser davantage pour voir ce qu'impliquent les mots « ethnique » et « race » quand on parle d'identité culturelle.

Il faut remarquer que le groupe majoritaire emploie cette terminologie pour se distinguer des autres groupes culturels. Cela fait partie de l'ethnicité de la majorité, par laquelle celle-ci maintient ses frontières culturelles. Mais cette terminologie ne fait pas partie de la perception de soi et de l'auto-identité des autres groupes culturels lorsqu'ils arrivent dans le pays d'adoption (Canada, Québec). Cependant, cette terminologie vient à faire partie intégrale de l'auto-définition de ces groupes. Cela se fait graduellement au cours d'un processus où ils prennent conscience du statut et des catégories sociales que la majorité leur assigne et où ils commencent à se situer, en conséquence, dans la société d'adoption.

L'ethnie

L'expression « groupe ethnique », utilisée pour désigner tout groupe culturel autre que le groupe majoritaire, est une catégorie politique.

La dynamique impliquée dans cette catégorisation pourrait être appelée le processus d'ethnicisation des groupes culturels, au moment où ces derniers commencent à se percevoir comme catégorie sociale plutôt que comme une communauté culturelle, entrant ainsi en interaction sociopolitique à la fois avec la majorité et les uns avec les autres. C'est alors l'ethnicité plutôt que l'identité culturelle qui devient le pion, la variable que l'on manipule sur l'échiquier du pouvoir socio-économique et politique.

La race

Le mot réfère à une classification des populations sur la base des différences génétiques et des traits physiques les plus prononcés : couleur de la peau, forme des yeux, texture des cheveux, etc. Bien que la notion de race n'ait pas de fondement scientifique, on a classé socialement les peuples d'Amérique du Nord et d'Europe en quatre groupes raciaux : Africains, Asiatiques, Européens et Autochtones. Cette catégorisation sociale qui a pris naissance dans l'Europe médiévale a entraîné la création d'idéologies et d'institutions qui ont divisé les peuples d'après leurs races. Au sein de ces divisions, ceux qui appartenaient à certaines races ont obtenu des avantages et des privilèges fondés sur les aspects positifs qu'ils reconnaissaient à leur race, alors que d'autres étaient dominés et rétrogradés à cause des aspects négatifs attribués à leur race.

Tout le monde appartient à une race. On peut être d'une race ou de races mélangées. Certaines personnes s'identifient fortement à leur race, généralement à cause de ce qu'elles ont vécu en tant que membre d'une majorité ou d'une minorité raciale. D'autres ne s'identifient pas du tout à leur race et d'autres encore peuvent s'identifier à elle mais nier qu'elle ait une signification sociale. Le « racisme » implique généralement un jugement de valeur sur la base de la supériorité de certains groupes raciaux par rapport à d'autres qui sont perçus comme inférieurs.

L'usage fait au Canada et au Québec du mot « race » dans l'identification sociale des groupes affecte la perception que les groupes se font d'eux-mêmes, de leur identité, de celle des autres et des relations entre groupes et personnes appartenant à divers groupes raciaux.

Même si chaque race a une culture, le concept de race n'entre pas dans l'auto-définition et l'identité, dans le contexte du pays d'origine.

Une fois de plus, la race est une catégorie sociopolitique qui prévaut dans les sociétés racialement diversifiées comme le Canada. La question de race évoque plusieurs souvenirs historiques, particulièrement ceux de l'ère moderne. Plusieurs des pratiques et attitudes sociales qui ont généralement cours dans la société canadienne ont leurs racines dans ce chapitre de l'histoire mondiale.

L'expansion et l'intrusion des cultures européennes, c'est-à-dire de la race blanche, dans les différentes parties du monde, au moyen de la colonisation politique, économique et religieuse, ont laissé une empreinte profonde et permanente dans l'âme, dans les attitudes et dans le comportement de peuples entiers, ce qui affecte leurs relations quotidiennes, même entre eux.

Cette période a laissé un héritage, en termes de relations entre les peuples du monde : une polarisation de la race humaine entre la « race blanche, supérieure » et « les races non blanches », et cela d'après une stratification établie par rapport à l'échelle de l'infériorité.

L'attention devrait être portée sur les effets résiduels de cette histoire sur l'image que nous avons chacun de nous-même, sur les perceptions que nous avons les uns des autres et sur la façon dont ces perceptions influencent l'interaction entre personnes et communautés de races différentes.

Ce n'est pas sans raison qu'au Canada on sent l'urgence de la question des relations interraciales et interculturelles si l'on veut maintenir l'ordre social et un certain contrôle.

Ce sentiment d'urgence vient de la venue d'« immigrants non blancs » depuis la fin des années 1960 jusqu'à nos jours. Le groupe majoritaire ressent une profonde appréhension face à cette population immigrante. Et cela pour deux raisons : il existe une plus grande distance culturelle entre les cultures du groupe majoritaire des sociétés d'accueil et celles des immigrants de provenance africaine et asiatique; de plus il y a l'héritage que l'histoire moderne des relations « Blancs-non-Blancs » a laissé.

L'image que les Blancs ont d'eux-mêmes peut se caractériser par un sentiment de supériorité, le sentiment d'être civilisés, modernes et évolués. L'image que les « non-Blancs » ont d'eux-mêmes se caractérise par un sentiment d'infériorité, d'être dominés, opprimés et victimes.

Ceci se manifeste, évidemment, à des degrés divers, selon que le groupe est amérindien, noir, asiatique, etc. On peut illustrer les perceptions mutuelles qu'ont les groupes « blancs » et « non Blancs » par des notions dyadiques comme civilisés—non civilisés, développés—sous-développés, sauveur—sauvés. Cela du point de vue des Blancs. Mais du point de vue des non-Blancs, les dyades sont : dominant—dominé, oppresseur—opprimé. De plus, la perception qu'ont les « non-Blancs » d'eux-mêmes et même des autres « non-Blancs » n'est pas homogène. Divers groupes se placent et placent les autres à des niveaux différents de l'échelle « supérieurs—inférieurs », mais tous le font selon les paramètres du « Blanc » qu'ils ont intériorisés.

Ces perceptions de soi et des autres font partie de l'identité propre et de la façon d'identifier les autres. Elles jouent un rôle important dans la rencontre raciale interpersonnelle et intergroupe.

L'identité culturelle de l'intervenant social

Le travailleur des services de santé et des services sociaux croit généralement qu'il fournit ses services dans la neutralité et l'objectivité la plus absolue. Donc, le genre de services qu'il offre, la façon de les fournir, la façon d'entrer en communication avec ses clients (interviews, méthodes d'évaluation), seraient libres de préjugés. Cette croyance risque de l'amener à négliger de prendre en considération sa propre identité culturelle, soit comme membre d'un groupe culturel particulier, soit comme membre d'un groupe professionnel.

Un travailleur en services de santé et en services sociaux apporte toujours avec lui son bagage culturel, qui est une vision particulière du monde et de la vie, un système de valeurs et de normes, de même que des pratiques sociales qui sont d'une culture concrète particulière. Il appartient à une civilisation ou la représente, il est donc au service de son système et de l'idéologie du système. Souvent on observe chez ce travailleur et chez les agences un désir d'apprendre quelque chose de la culture du client culturellement différent, ne serait-ce que pour résoudre le problème de communication qui surgit entre les deux.

En fait, ce n'est pas seulement la culture du client, mais bien aussi celle du travailleur, qui fait partie de ce problème de communication. Comme tout membre de n'importe quel groupe humain, le travailleur social ne saurait être culturellement neutre. Chacun a ses préférences au niveau des valeurs. Valeurs qui sont culturellement ou idéologiquement conditionnées et sur la base desquelles il jugera des valeurs et des pratiques sociales des autres. C'est ainsi que, dans presque chacun des panels sur l'intervention sociale interculturelle auxquels j'ai participé depuis quelques années, certaines remarques et préoccupations sont invariablement revenues chez les travailleurs sociaux. Celles-ci par exemple : « Que ne sont-ils donc pas tous canadiens, les choses seraient plus simples ! » Ou encore « les jeunes provenant des communautés culturelles haïtiennes, africaines et asiatiques ne sont pas libres parce qu'ils ont toujours besoin de la permission des parents pour faire quelque chose ». Une telle affirmation révèle nombre de présupposés culturels au niveau des valeurs et du genre de liberté qui consiste à faire ce que l'on veut ou décide de faire; la liberté individuelle est plus importante que le respect des parents et l'honneur familial, etc.

On a noté que les travailleurs sociaux du groupe majoritaire partagent, avec les autres membres de leur groupe ethnoculturel, la croyance que la culture de la majorité devrait être la force unificatrice et normalisatrice dans la société d'accueil si l'on veut maintenir l'ordre social. D'où la question préoccupante de ces travailleurs : « Faut-il respecter totalement les cultures des immigrants ou les intégrer simplement dans la culture canadienne ? »

Les groupes minoritaires, et donc les peuples autochtones et les immigrants, devraient s'intégrer et adopter cette culture unificatrice. Ceci constitue le sens d'ethnicité du travailleur social du groupe majoritaire. Ce sens de l'ethnicité influe constamment sur les relations entre travailleurs sociaux du groupe majoritaire et leurs clients des diverses communautés « ethnoculturelles ». Dans leurs relations avec cette clientèle, les travailleurs sociaux cherchent à maintenir leur rôle normatif socioculturel et politique.

L'identité professionnelle de l'intervenant social

En plus de leur identité culturelle, les travailleurs en services de santé et en services sociaux acquièrent une identité professionnelle tout au long de leur formation aux techniques de leur profession et de par leur socialisation dans leur milieu professionnel respectif. James W. Green résume les normes et valeurs qui prédominent chez ces professionnels de la façon suivante : « Les ingrédients essentiels de toute profession sont un engagement à la rationalité, à l'universalisme, à l'objectivité et à la spécificité fonctionnelle. » [6]

Même si la profession du travailleur social vient à peine d'entrer dans « l'entreprise d'aide scientifique », elle a élaboré son propre bagage de techniques, de concepts, de langage et d'idéologie, ainsi que certaines normes et valeurs préférentielles. On exige de tous les travailleurs des services sociaux et de santé, quel que soit l'horizon culturel d'où ils viennent, qu'ils adoptent et appliquent les méthodes de travail, le langage et les valeurs de leur profession, s'ils veulent avoir une certaine crédibilité comme professionnels et préserver les « frontières » de leur culture professionnelle.

De plus, du fait qu'ils sont des « professionnels d'aide », ils se voient essentiellement comme des « agents de changement », particulièrement à l'égard de leurs clients. De ce point de vue, leur rôle de régulateurs devient une partie importante de leur identité professionnelle.

---

[6] Voir James W. Green, *Cultural awareness in the Human services*. New Jersey; Printice-Hall 1982, p.22-28.

Dans mes relations professionnelles (groupes de travail, de discussion, etc.) avec mes collègues travailleuses et travailleurs sociaux, surtout du groupe majoritaire, j'ai remarqué que leur identité culturelle est très souvent fusionnée ou même confondue avec leur identité professionnelle. Les valeurs et les normes comme l'évolution, l'individualisme, la liberté individuelle et le libre choix, sont autant de valeurs culturelles qui forment également la base de la méthodologie et des normes de leur intervention sociale. Ce qui indique, d'une part, que les travailleurs sociaux du groupe majoritaire sont, à des degrés divers, incapables de distinguer entre leurs valeurs culturelles et les valeurs qui sont celles de leur profession; d'autre part, cela manifeste clairement les racines culturelles du travail social en tant que profession.

Que dire des travailleurs sociaux provenant de groupes minoritaires ou « ethniques »? À la différence de leurs collègues du groupe majoritaire, ils sentent une distance culturelle par rapport à la culture professionnelle à un degré plus ou moins élevé selon leur culture et leur degré d'acculturation à la culture normative de la société d'adoption. Cette distance est une source d'ambiguïtés pour le travailleur social par rapport à son identité.

De plus, le rôle de régulateur que la profession et la culture du groupe majoritaire lui assignent peut le placer devant un sérieux dilemme au moment où il travaille avec un client de sa propre communauté culturelle ou d'un autre groupe minoritaire. La question du professionnel du même « groupe ethnique » ou « homoethnique » reste un point critique et délicat qui requiert une étude sérieuse.

Les implications

Une meilleure saisie de la notion d'identité culturelle et de ses dimensions peut nous aider à comprendre la nature des barrières qui existent entre les établissements du réseau et les « communautés ethnoculturelles » et qui dépassent, en fait, les aspects psychosociaux et linguistiques de la culture.

La relation des services de santé et des services sociaux avec leurs clients de différentes cultures en est une essentiellement de rencontre interculturelle où trois identités culturelles sont en présence : la culture de la majorité, la sous-culture professionnelle et la culture du client. Cela implique l'insuffisance d'une approche partielle de la problématique du travail social et du pluralisme culturel, ainsi que la sensibilisation culturelle des professionnels. Il faut donc une approche plus globale qui puisse exiger une révision fondamentale de la nature de la profession elle-même.

La réflexion sur la question de l'identité culturelle permet ainsi de se faire une idée de celles qui, parmi les populations « ethnoculturelles », sont le plus susceptibles de constituer la clientèle potentielle, en tenant compte de certaines variables comme les affinités culturelles entre la culture de la majorité et certaines cultures d'origine, l'acculturation-assimilation à la culture majoritaire, l'orientation idéologique, les relations ethniques et raciales, etc.

Cela implique que les agences de service social examinent de plus près si elles sont aptes ou non, à rendre service à tous les groupes et, dans le cas où elles ne le seraient pas, cherchent des réponses plus réalistes aux problèmes qui surgissent. Cela peut vouloir dire que les établissements du réseau de service social devront faire face au fait que fort probablement il y aura une très grande partie de la population « ethnoculturelle » qui devra demeurer hors de leur portée.

L'enquête sur la question de l'identité culturelle active la conscience de divers facteurs historiques, comme le colonialisme, l'immigration, les forces politiques, qui influencent l'identité de la majorité et des minorités et qui, par conséquent, influencent la relation qui existe entre, d'une part, les agences des services sociaux et les communautés ethnoculturelles et, de l'autre, le travailleur social et son client de culture différente.

On présume que le but ultime de la profession du service social est de fournir aux individus et au public des services vraiment humains. Il est fort symptômatique que l'on parle davantage d'intervention sociale que de services humains quand on cherche à décrire le rôle de cette profession. Sans m'aventurer dans une analyse des essais et des échecs de la profession en général, il me semble pertinent d'indiquer comment certains traits des services du réseau peuvent mettre des obstacles entre eux et les populations « ethnoculturelles ».

Le professionnalisme

La profession du travailleur social a subi une évolution, allant du travail bénévole de charité à son statut professionnel actuel. Durant ce cheminement, elle a élaboré un savoir-faire scientifique, basé sur l'étude de cas, les méthodes diagnostiques, les approches cliniques, ainsi que son propre code d'éthique et de « croyances ». Ce professionnalisme a exigé la neutralité affective comme valeur éthique fondamentale, et mis au point un langage spécialisé incompréhensible parfois par le monde ordinaire, un besoin de standardisation des services, une structure bureaucratique conçue d'après le modèle du complexe industriel. La foi en ce professionnalisme, c'est-à-dire, en des services uniformes, en l'application des techniques standardisées, ainsi que dans les procédures bureaucratiques, est le plus grand obstacle pour rejoindre les groupes culturellement différents. En outre J.W. Green trouve dommageable que

> ...trop souvent, les présupposés de la profession, au plan des valeurs, ainsi que les attentes comportementales de la part des travailleurs sociaux soient pris comme les seules normes qui gouvernent la rencontre client-travailleur social.[7]

Le rôle de régulateur

Le rôle de régulateur est un des modèles les plus pratiqués d'intervention sociale dans la profession du travailleur social. L'État s'immisce de plus en plus et, par

---

[7] Voir J.W. Green, *op. cit.* p. 22-28.

législation, s'impose pour corriger et contrôler les valeurs et orientations du travailleur social, tout comme le comportement des clients.

Ce modèle particulier d'intervention est un des obstacles majeurs à l'établissement d'une relation de confiance entre les travailleurs, les agences et les clients venant des diverses communautés culturelles. La loi 24 sur la Protection de la jeunesse (Québec) en est un bon exemple. Elle illustre comment, dans une situation de crise familiale en rapport avec l'enfant ou l'adolescent, le rôle du travailleur social n'est pas seulement de conseiller les parents, mais de modifier leur comportement, leur rôle en tant que parents, ainsi que les types de comportements familiaux.

À mesure que la mission de l'État a pris de l'ampleur, le champ des interventions statutairement obligatoires s'est élargi jusqu'à englober les sphères mêmes de nos vies personnelles et de notre vie de travailleur. Les contradictions latentes que l'on trouvait dans le travail social finissent alors par apparaître.

Ainsi, on a pu localiser la source du stress que l'on ressentait depuis longtemps dans le travail social. On a pu découvrir que le conflit constant entre les préoccupations de « soigner » et celles de « contrôler » venaient du mandat qu'ont les institutions publiques d'être les régulatrices des transactions entre « individus » et « société ».[8] C'est ce rôle de régulateur qu'on attend du travailleur social qui crée ou accentue la relation de « dominant—dominé » entre lui-même et le travailleur social et les clients de cultures différentes.

Étant donné que du point de vue de la culture majoritaire les cultures immigrantes, surtout quand elles sont radicalement différentes, sont perçues comme non confor-

---

[8] Consulter à ce propos Dankswort, N. Gagnon, « Regulating Social Workers : The subordination of the Profession to its Industrial Relations System ». *Revue de la Corporation professionnelle des travailleurs sociaux du Québec*, n° 69 (juillet, 1984).

mes aux normes culturelles de la société d'accueil, ce modèle régulatoire confie au travailleur social le pouvoir de modifier et de « normaliser » les pratiques culturelles de sa clientèle.

Les effets de ce type d'intervention pourraient être analysés plus profondément encore. Mais on peut affirmer que cette intervention régulatrice est généralement perçue, par cette clientèle, au mieux comme un instrument efficace d'assimilation forcée à la culture de la majorité et, au pire, comme de l'oppression. Plusieurs dans les communautés « ethnoculturelles » peuvent même en arriver à soupçonner que cette assimilation à la culture majoritaire, assortie de la nécessité pour le client de culture différente de renoncer à son identité culturelle, soit le but inavoué du travail social et de son action d'intervention. Ils seraient tentés alors de recourir à leurs propres systèmes.

Systèmes indigènes des services sociaux et de santé (SISSS)

Ce thème peut apporter un éclairage sur le problème du travail social et le pluralisme culturel. Car on peut présupposer :

a) qu'il existe des systèmes d'assistance et de soutien social qui sont propres à chaque culture et par conséquent que

b) les membres des communautés « ethnoculturelles » perçoivent les établissements du réseau des services sociaux existants comme étrangers et parallèles au leur, et comme n'étant pas l'unique système de soutien;

c) il se peut que cette perception affecte leur choix quand ils doivent recourir à l'un ou l'autre de ces systèmes.

C'est un fait bien établi (au Québec par exemple) que la plupart des clients provenant d'autres cultures ne font pas spontanément appel aux établissements du réseau. L'on se demande si ces clients les ignorent tout simplement ou s'ils n'ont pour eux aucun intérêt, à moins qu'ils ne soient forcés de s'y présenter par suite de l'intervention d'une autre institution comme la police ou les autorités scolaires.

Des études aux États-Unis ont révélé que les Amérindiens délaissent le counseling après une seule entrevue, à un taux de 50 pour cent.[9] Ces études ne suggèrent pas que les clients n'ont pas de problèmes, mais que les établissements du réseau leur sont étrangers, culturellement incompréhensibles et donc inadéquats.

Depuis les travaux de G. Caplan, on reconnaît la valeur du « système de soutien naturel » (SSN), surtout dans le domaine du counseling en maladie mentale[10]. On entend par là l'aide et l'assistance fournies par la famille, les amis, les voisins, le groupe d'âge, etc. Pearson (1985) traite de sa pertinence et de son importance dans la pratique du counseling en milieu pluriculturel. Il fait aussi remarquer que, malgré leur pertinence, on a encore très peu étudié ces systèmes de soutien dans une perspective interculturelle. Il propose d'examiner toute une série de questions en vue de « clarifier la nature précise de ce soutien social et de sa mise en pratique selon les différents contextes culturels ». Voici quelques-unes de ces questions :

1- Quels sont, parmi les groupes culturels, les types de soutien social existants qui conviennent aux problèmes particuliers de la vie humaine ?

2- Comment se différencient les diverses interventions qui leur apportent l'aide ?

3- De qui, parmi ceux qui vivent dans leurs systèmes naturels, provient l'aide pour répondre à leurs besoins spécifiques ?

---

[9] Voir D. W. Sue, *Counselling the culturally different : Theory and Practice*. John Wiley and Sons, 1981, p. 28.

[10] G. Caplan, *Support systems and Mental Health, Lectures on concept development*. New York : Behavioral Publications, 1974.

4- Comment les conseillers peuvent-ils renforcer le SSN de leurs clients et coopérer avec ce système (au lieu de l'affaiblir, l'entraver ou le remplacer) ?

Au sein des modèles occidentaux d'intervention sociale et de counseling, le recours au SSN est certes une façon d'améliorer les stratégies et les techniques d'intervention. Mais dans une situation interculturelle, il faut examiner non seulement la nature de la technique mais aussi le genre d'aide. On peut se douter, par exemple, que dans le domaine des services à la famille, la raison pour laquelle le client ne revient pas ne relève pas d'abord et uniquement de la technique et du langage employés dans l'intervention sociale, mais aussi et surtout du diagnostic posé et des solutions envisagées. En d'autres mots, le client recherche un type de réponse alors que la réponse conçue par le travailleur social est d'un tout autre ordre.

On peut donc supposer que les professionnels n'ont pas et ne peuvent pas avoir l'expertise requise pour pouvoir donner le type d'aide que recherche un client d'une culture différente. L'on pourrait suggérer qu'en plus des questions soulevées par Pearson au sujet d'une approche interculturelle des SSN, il faudrait enquêter sur les systèmes indigènes d'assistance sociale des diverses communautés, surtout celles qui sont radicalement différentes. Ces systèmes indigènes comprennent à la fois l'aide informelle, les SSN et les pratiques formelles propres à leur culture.

Le système de soutien implique un modèle durable de liens continus ou intermittents qui jouent pour une part significative dans le maintien de l'intégrité psychologique et physique de l'individu à travers le temps. Les divers éléments du système de soutien peuvent être spontanés, c'est-à-dire non organisés de façon planifiée par une personne qui veut promouvoir la santé de l'individu ou de la population. Ce sont des éléments qui ressortent des besoins de l'individu et des réponses biosociales naturelles des gens de sa communauté ou qui émergent des valeurs et des traditions de sa culture et de sa société. Ceci se rattache directement au système de soutien naturel.

Par « système de soutien », nous entendons l'aide et l'assistance fournies par la famille, les amis, les voisins, le groupe d'âge, etc. Le réseau social, comme le souligne Jérôme Guay (1984), ne sert pas uniquement à procurer un soutien émotif surtout réservé aux intimes, il sert également à la socialisation, au compagnonnage ou à l'échange de services. Dans sa recherche, BarrynWellman (1981) montre que ces trois types de support (émotif, de socialisation et d'échange de services) constituent 80 pour cent de tous les échanges qui ont lieu entre les membres d'un réseau social. Mais nous voulons parler ici du réseau cohésif et homogène.

Ce type de réseau se rapproche de ce que les sociologues appellent « la famille étendue ». Ce concept de réseau peut être élargi en disant qu'il est « typique du village ou de certaines municipalités où une industrie unique emploie tout le monde, ou encore de certaines paroisses urbaines où les mêmes familles demeurent depuis plusieurs générations » (Guay, 1984 : 53).

Essentiellement, le réseau social est composé d'un seul grand groupe indifférencié comprenant la famille proche, éloignée, les amis, les camarades de travail et les voisins. Guay en proclame les bienfaits :

> L'immense avantage d'un tel type de réseau réside évidemment, d'une part dans le potentiel quasi illimité de support émotif qu'il contient, et d'autre part dans la rapidité avec laquelle il peut devenir disponible en cas de besoin. Les personnes communiquent souvent entre elles et sont très engagées émotivement. Si quelqu'un a besoin on le sait rapidement et on va mobiliser les ressources nécessaires. En conséquence, il est très rare que l'on rencontre des épisodes de dépression postpartum, par exemple, ou d'abus et de négligence des enfants dans ce type de réseau. (Guay, 1984 : 53-54)

Le réseau cohésif et homogène est encore plus étendu chez les Noirs en général. Plusieurs études faites aux États-Unis relèvent l'importance de la famille étendue chez les

Noirs américains originaires de divers pays d'Afrique. Les liens forts de la famille étendue sont une caractéristique importante des familles noires (Dodson, 1981). Pour Stack (1974), le réseau de parenté sert d'instrument pour subvenir aux besoins de survie. Dans ses études de mobilité ascendante des familles noires, McAdoo (1978; 1982) affirme que ces familles ont reçu et donné à leur parenté le soutien émotionnel, culturel et financier. Les liens familiaux vont toujours s'élargissant : ainsi, par le mariage, la belle-famille devient un maillon de la chaîne de famille étendue. Dans ses études sur les familles noires, Manns (1981) souligne que les beaux-parents sont considérés comme significatifs parmi les autres membres de la famille. Le système de soutien naturel (SSN) est reconnu pertinent et très important dans la pratique du counseling en milieu pluriculturel; il est particulièrement utile dans la pratique en contexte multiethnique et multiculturel.

Comment fonctionne-t-il en Afrique, par exemple ? En Afrique de l'Ouest en particulier, il existe deux réseaux de services sociaux : le réseau institutionnel d'intervention sociale gérée par l'État et le réseau constitué par le « système de soutien naturel » (SSN) tel qu'il a été défini plus haut. Ces deux réseaux ne sont pas nécessairement opposés. Le premier, étatique, d'institution et d'inspiration récente et occidentale, s'occupe principalement d'aide sociale pour certaines classes de la société, de centres d'accueil pour jeunes vagabonds et délinquants; ce réseau ne traite pas de toutes les problématiques comme, par exemple, les relations de couple ou les relations parents-enfants. Le second, le « système de soutien naturel », répond aux problèmes qui affectent de quelque façon que ce soit » l'institution de base qu'est la famille.

Dans le cadre de l'intervention interculturelle, il apparaît important non seulement d'être sensibilisé à la culture de l'autre, mais aussi et surtout de connaître les pratiques auxquelles cette culture réfère ordinairement pour résoudre les problèmes. Pour ce système, sont considérés comme des situation—problème la maladie d'un membre de la famille, la séparation d'un couple, les troubles de comportement d'un jeune, la rupture de fiançailles, bref, toute situation qui rompt l'équilibre mental ou physique d'un membre de la famille et place cette dernière dans un état de dysfonctionnement. Quand les individus n'ont plus de prise sur de telles situations, ils se tournent d'abord vers leur famille.

Il faut entendre la famille dans un sens très large. Elle comprend les membres avec qui l'individu a des liens de parenté, proche ou éloignée, et aussi des personnes avec qui les liens sont ceux de l'amitié, comme les parrains et marraines qui acquièrent des responsabilités semblables à celles des parents biologiques sur leur filleul ou leur filleule dont les enfants sont considérés comme frères et sœurs de ces derniers. Les voisins sont compris dans cette définition de la famille élargie. Ils sont souvent les premiers à porter secours en cas d'urgence et également les auteurs du signalement auprès du reste de la famille. Celle-ci se mobilisera rapidement, organisera des rencontres impliquant certains ou tous les membres afin de trouver une solution au problème qui a surgi.

C'est ainsi que, dans le cas d'un jeune présentant des problèmes de comportement, son placement ou même sa vie chez un membre de la famille, tante, oncle, cousin ou cousine, etc., peut être envisagé. Tous les membres de la famille auront participé à la réflexion et à la prise de décision, même ceux qui sont au loin auront été consultés. La décision aura été le résultat d'un consensus et il n'y a pas de risque qu'elle soit contestée. Soulignons que l'autorité de la famille élargie est, au préalable, reconnue et acceptée dans toutes les situations où la famille nucléaire se sent impuissante. Il y a appropriation du problème par la famille élargie qui cherche à le résoudre à partir de ses propres ressources.

Quand la famille ne réussit pas, malgré ses efforts, à modifier la situation, elle prend alors la décision de recourir à des services externes, dont l'utilisation des ressources internes du magicien-guérisseur ou marabout (Mvilongo, 1978).

Les connaissances du magicien-guérisseur consulté seront alors mises à contribution.

L'utilisation de cette resource découle de deux constatations simples, mais fondamentales, faites par les membres de la famille élargie et sans lesquelles il n'y a pas de consultation externe. Tout d'abord la famille reconnaît qu'elle est dépassée et impuissante à régler le problème, tout en maintenant sa compétence quant au choix de la ressource qui sera utilisée. Il y a ensuite reconnaissance de la compétence du magicien-guérisseur qui sera éventuellement consulté. Ce dernier conserve et peut même utiliser ses attributs de prêtre-médiateur entre les vivants et les esprits des ancêtres, tout en remplissant son rôle de consultant.

La première prise de contact avec le magicien-guérisseur n'est pas forcément faite par les membres directement concernés par la situation, mais par un autre membre de la famille élargie. C'est, en général un ancien, un sage, à qui l'on reconnaît le plus de compétence pour s'entretenir avec le magicien-guérisseur.

Si, dès le départ, la famille nucléaire rencontre le magicien-guérisseur, elle est alors accompagnée par d'autres membres de la famille élargie, et ce n'est pas obligatoirement un membre de la famille nucléaire qui soumet la demande. Il s'ensuit, lors de cette première consultation ou lors de la deuxième rencontre avec toute la famille, un échange au cours duquel le magicien-guérisseur confirme sa compétence en expliquant la cause, la nature du problème et les raisons pour lesquelles ces gens sont victimes. C'est l'ancien, le sage, celui reconnu le plus compétent et qui a introduit la demande, qui pose des questions et le guérisseur répond. À travers ses connaissances, ce dernier explore la situation. Cette consultation vise à fournir à la famille des réponses aux questionnements suscités par la situation-problème. Le consultant pose son diagnostic et fait un pronostic quant à la réussite ou non du traitement.

On ne manquera pas de remarquer que la démarche entreprise jusque-là par la famille se fait sur un mode différent de celui qui prévaut dans l'intervention sociale occidentale ou nord-américaine où, dans la majorité des cas, c'est l'intervenant social qui identifie le problème de son client avec l'aide de ce dernier. De même, dans l'exploration de la situation, souvent c'est l'intervenant social qui interroge son client, lequel répond aux questions. L'intervention vient de l'extérieur. En situation interculturelle, l'individu ou la famille peut être dérouté par l'intervention et devenir incapable d'utiliser ses compétences, la démarche étant contraire à ce qu'il a l'habitude de vivre ou de faire.

Lors de la consultation avec le magicien-guérisseur, l'individu ou la famille participe à l'élaboration de la solution et de son plan d'exécution. Il fait un choix parmi les solutions proposées par le consultant et il appartient au seul requérant de mettre en application la solution qu'il a choisie. Il en devient le seul responsable, l'intervention du consultant étant terminée plus ou moins définitivement. La famille redevient donc compétente et reprend entièrement le contrôle du processus de résolution du problème. Le magicien-guérisseur ne sera consulté à nouveau que s'il survient une difficulté dans l'exécution du plan. Il est à remarquer que la famille peut décider à n'importe quel moment de recommencer le processus si elle n'est pas satisfaite.

On voit clairement que ce processus est différent de la pratique en matière d'intervention sociale occidentale ou nord-américaine, où le plan est élaboré par l'intervenant qui reste impliqué dans son exécution jusqu'à la fin; cette implication pourrait créer le danger que l'intervenant soit au centre du processus de résolution du problème et devienne indispensable pour l'individu qu'il veut aider.

Les réseaux de groupes informels d'aide mutuelle informelles sont de plus en plus visibles et importants au Canada; ils ne sont pas constitués de membres d'une même famille mais incluent tous les contacts de voisinage. Il ne s'agit pas de l'aide formelle que l'on reçoit des groupes organisés tels que les groupes communautaires, les associations, les groupes d'entraide (self-help groups) qui poursuivent un but particulier. Au contraire, l'aide vient de groupes informels, non organisés, quelque peu invisibles et qui interagissent dans la vie de tous les jours. Il existe un consensus largement répandu sur le fait que ce genre d'aide est réellement le plus efficace. L'aide venant de groupes formellement organisés n'est que la pointe de l'iceberg (Guay, 1984) de la réelle aide potentielle qui existe dans la même communauté. Dans l'usage du réseau informel de l'intervention en contexte interculturel, l'intervenant doit tenir compte, comme je l'indique plus loin, de la philosophie et de l'histoire culturelle des deux parties impliquées dans la situation-problème.

Dans ma pratique sociale au Canada, j'ai remarqué que la famille d'origine étrangère et particulièrement d'origine africaine, habituée à utiliser les ressources familiales ou les services d'un guérisseur, vit l'implication de l'intervenant occidental ou nord-américain comme une non-reconnaissance de sa compétence. Parfois, elle adopte, face à ce qu'elle perçoit comme une disqualification, une attitude de résistance, à travers laquelle elle tente de rétablir un équilibre entre elle et l'intervenant.

Les modes de résolution de problèmes examinés ici subissent dans l'émigration une modification importante sans vraiment changer les réflexes des gens quand ils font face à des situations problématiques. Mais la puissance de la famille élargie, tout comme son influence positive sur la famille nucléaire, se trouve considérablement diminuée. L'accès au magicien ou marabout est devenu difficile, la famille devant se rendre en Afrique pour utiliser ses services. Coupée ainsi de ses racines et de ses références, elle se retrouve facilement dépassée, isolée face à certaines difficultés. La famille nucléaire aboutit alors dans les services institutionnalisés avec une situation souvent fortement détériorée. Encore ignorante des services offerts, elle est déjà exténuée pour avoir mis toute son énergie à vouloir résoudre par elle-même les difficultés et à éviter une situation d'échec. Il peut ainsi s'ensuivre, durant une bonne partie de l'intervention, un dialogue difficile entre la famille nucléaire et l'intervenant.

Suggestions pour une intervention sociale interculturelle

Face à ces modes de résolution de problèmes, face aux modifications qu'ils subissent en contexte d'émigration, l'intervenant social occidental ou nord-américain doit prendre conscience d'un facteur de résistance inhérent à toute culture : l'ethnocentrisme, d'abord le sien propre puis celui de son client. En effet, toute société humaine, fût-elle sous-développée sur le plan économique, possède, dit Raymond Massé (1995 : 55), une culture et de plus, une culture dont elle est fière. La nouvelle croyance ou la nouvelle pratique proposée par l'intervenant doit tenir compte de ce barème, la culture. L'intervenant évitera donc de remettre en question en bloc et tout simplement les croyances, les valeurs reliées à la pratique de son client. Faire autrement reviendrait à remettre en cause le bien-fondé de la culture tout entière.

Or, tous les peuples ont une propension naturelle à considérer que leur manière de penser et d'agir est au moins égale sinon supérieure à celle des autres (Massé, 1995 : 56). Le choc culturel qu'expérimente l'intervenant social est issu de la confrontation de deux types de vision, de pensée et d'agir : la vision de l'intervenant professionnel et celle véhiculée par le client. Le succès de l'intervention demande, de la part de l'intervenant, une ouverture et une grande sensibilité aux manières de penser et d'agir du client et, en particulier, une connaissance minimale des savoirs des populations d'origine du client.

L'intervenant devrait comprendre que le client, ou les populations ciblées par son intervention, ne sont pas des terrains vierges dans lesquels il n'a qu'à semer la « bonne nouvelle » de la pratique occidentale ou nord-américaine pour récolter les attitudes et les comportements désirés. Les nouvelles connaissances et les nouveaux comportements qu'il propose ne comblent pas un vide. Ils supplantent, au contraire, des connaissances et des pratiques ancrées dans la

Enjeux théoriques et conceptuels * 99

tradition et les valeurs profondes des populations visées.

L'intervenant évitera donc de promouvoir l'acculturation, c'est-à-dire le processus par lequel une culture dominante impose son système de valeurs et de comportements à une culture dominée.

Retenons que l'intervenant social pourrait dégager une piste exploratoire d'intervention en se posant les deux questions suivantes :

1) Comment amener à la thérapie une famille d'origine africaine, antillaise, etc ?

2) Comment l'engager à poursuivre sa propre thérapie ?

Développer la confiance entre l'intervenant et l'individu ou la famille est essentiel pour atteindre ces objectifs. Tout d'abord, la famille doit sentir que l'intervenant lui fait confiance et lui reconnaît des compétences. Cela permet d'amener les gens à relativiser leurs difficultés et à ne pas les voir nécessairement comme une situation d'échec. Ensuite, l'intervenant devra surtout explorer s'il existe un réseau naturel de soutien vers lequel l'individu ou la famille peut se tourner pour trouver une solution à son problème. Comme la tâche de l'intervenant consiste uniquement à rassurer les gens quant à la dispensation des services, le réseau institutionnel sera utilisé pour mieux coordonner les services et non pour entraver leur fonctionnement, voire pour les exclure ou les remplacer.

Chapitre II

Identité et Altérité
Formation de la personnalité

5. Le même et l'autre, conscience de soi et conscience de l'autre

La communication avec des personnes appartenant à une autre nationalité, à une autre culture, pose d'abord des problèmes de langue. Mais cette communication s'ancre aussi dans des attitudes et des mécanismes psychosociologiques qui commandent fortement nos représentations et nos conduites dans ce domaine.

Pour appréhender et comprendre ces attitudes et ces mécanismes, j'aborderai la manière dont ils s'élaborent et j'en retracerai la genèse de l'enfance à l'âge adulte. Cette approche génétique permettra d'éclairer la problématique de la similitude et de la différence dans les rapports interculturels.

Tout un courant de la philosophie moderne, le courant phénoménologique, a fortement souligné que la conscience de soi, en tant qu'identité spécifique et individualité singulière, ne se constitue que dans une interaction étroite avec autrui. Ainsi, pour Hegel, la conscience de soi ne peut se saisir qu'à travers la reconnaissance d'une autre conscience;

mais, en même temps, pour échapper à cette dépendance, elle tend à s'affirmer comme unique et donc à exclure l'autre ou à la supprimer pour acquérir la certitude d'elle-même. « Le comportement des deux consciences de soi est donc déterminé de telle sorte qu'elles se prouvent elles-mêmes et l'une à l'autre au moyen de la lutte pour la vie et la mort. Elles doivent nécessairement engager cette lutte, car elles doivent élever leur certitude d'être pour soi à la vérité, en l'autre et en elle-même »[11].

Ainsi le sentiment d'identité ne se forge et n'accède à la conscience de lui-même qu'en s'opposant à ce qui n'est pas lui dans le rejet ou l'asservissement de l'autre. Cette problématique a été reprise et prolongée par Sartre pour qui la conscience de soi est une « liaison synthétique et active de deux termes dont chacun se constitue en se niant de l'autre » (p. 289). L'autre n'existe comme autre qu'en tant que je le nie de moi, de même que « je » n'existe qu'en étant nié de lui-même par autrui. Mais en même temps, je ne peux saisir mon image que dans le regard d'autrui, regard qui m'appréhende de l'extérieur comme objet et donc me fige et m'aliène. Sartre souligne que ce phénomène vaut pour le groupe comme pour l'individu; le groupe ne se perçoit comme « Nous » que du « dehors », dans le regard du tiers, et c'est cette aliénation collective qui est assumée dans le « Nous ». Ainsi dans ses *Réflexions sur la question juive*, Sartre montre que c'est le regard de l'antisémite qui « crée » le juif. Cependant si cette problématique philosophique permet d'éclairer la dialectique de l'identité et de l'altérité, elle demande à être reprise et réexaminée au niveau de l'expérience vécue telle que la psychologie peut nous aider à la saisir et à la comprendre.

6. Construction du sentiment d'identité

La psychologie nous montre que le sentiment d'identité s'élabore progressivement chez l'enfant et toujours à

---

[11] G.W.F. Hegel. *La Phénomenologie de l'esprit*. Paris, 1939, Aubier-Montaigne.

l'intérieur d'une interaction avec un autre. C'est en effet dès les premiers mois de la vie que s'amorce le processus par lequel l'individu va arriver à percevoir sa propre individualité comme distincte et séparée des autres, à travers des mécanismes affectifs, cognitifs et sémantiques.

Les travaux de la psychanalyse ont souligné l'importance particulière de la relation affective entre la mère et l'enfant dans l'émergence du sentiment d'identité ; c'est notamment dans le regard maternel que l'enfant se découvre et s'investit narcissiquement. Spitz pointe le rôle fondamental de trois « organisateurs » dans la formation du sentiment d'identité : le sourire, en réponse au sourire et aux stimulations de l'entourage qui « constitue le prototype et la base de toutes relations sociales ultérieures ».

L'angoisse du huitième mois face à une personne étrangère. En effet, le nouveau-né se montre progressivement de plus en plus circonspect à la vue d'un visage étranger : il s'immobilise, fixe intensément l'intrus, fronce les sourcils. Vers le huitième mois, il peut manifester de la crainte en présence d'une personne inconnue. Même porté dans les bras de sa mère, l'enfant mis en présence d'un étranger se détournera, poussera des cris et se mettra à pleurer. Cette réaction varie selon les sujets et les circonstances, mais cette peur semble universelle et se rencontre dans tous les milieux et dans toutes les sociétés. C'est un moment capital du processus de différentiation et d'intégration du moi. On peut y voir aussi la base d'une attitude persistante d'anxiété face à ce qui est étranger.

Un troisième organisateur est, vers la deuxième année, la maîtrise du non qui marque la manipulation intentionnelle de symboles sémantiques à l'origine de la communication verbale, en même temps qu'elle révèle la capacité de l'enfant de s'affirmer en s'opposant à autrui. Ces trois organisateurs apparaissent comme des indices extérieurs et des moments cruciaux de la constitution la plus archaïque du sentiment d'identité.

Si ces processus affectifs jouent un rôle fondamental dans la compréhension de l'identité, ils ne sont pas séparables du développement perceptif et cognitif qui permet à l'enfant d'établir une discrimination entre le même et l'autre. Par ses travaux J. Piaget a grandement contribué à éclairer la façon dont le tout jeune enfant établit petit à petit sa représentation du monde extérieur. Il montre comment, après avoir pris conscience de ses propres sensations, l'enfant va, entre six mois et douze ans, apprendre progressivement à sentir, à appréhender et finalement à reconnaître l'existence d'un environnement non-je. J. Lacan a souligné l'importance dans ce processus de « l'image spéculaire, au propre et au figuré, « matrice symbolique où le « je » se précipite en une forme primordiale, avant qu'il ne s'objective dans la dialectique de l'identification à l'autre. »[12] A la suite de Lacan, R. Zazzo a soutenu et démontré que « le double est la condition obligée de l'identité »[13].

Ces différentes recherches révèlent qu'autrui joue un rôle ambivalent dans la formation de l'identité : à la fois miroir du moi, double, alter ego et, en même temps, autre, étranger, adversaire.

Tout se passe comme si l'enfant se servait de l'altérité comme d'un point d'appui indispensable pour construire et affirmer sa propre identité. Tantôt, la prise de conscience du moi et celle d'autrui se fait tantôt par le jeu de l'opposition (fermeture), tantôt par celui de l'assimilation (ouverture). Dans les deux cas, il y a cependant communication, c'est-à-dire processus interactif caractérisé par le fait que la perception d'autrui et celle de soi-même sont contemporaines et corrélatives.

---

[12] J. Lacan, *Ecrits*. Seuil, Paris, 1966.

[13] R. Zazzo, « Les dialectiques originelles de l'identité », in *Identités individuelle et personnalisation*, p. 209.

7. Différentiation sociale

Le processus interactif se déroule d'abord dans le cadre familial. Mais au fur et à mesure que l'enfant grandit, son environnement ne cesse de s'élargir. Avec l'entrée à l'école, avec la pénétration des médias (la télévision notamment), l'identification prend comme support des groupes plus larges : milieu local, groupe d'âge, classe sociale, appartenance confessionnelle, identité nationale, etc.

C'est en effet à l'âge scolaire qu'apparaît chez l'enfant une aptitude nouvelle qui va profondément modifier sa vie relationnelle : l'aptitude à la décentration par rapport à son entourage immédiat, grâce à laquelle il peut se mettre à la place d'autrui et voir les choses et lui-même comme il pense que les autres les voient. L'enfant découvre alors l'altérité socioculturelle au sens plein de ce terme, c'est-à-dire « l'autre extérieur » : autres comportements, autres modes de vie, autres religions, autres races, etc. Il apprend à identifier toutes ces différences, à saisir la subtilité des situations particulières qui appellent à chaque fois des conduites diversement adaptées.

Jusque là, plus ou moins confinée et protégée dans un réseau de relations affectives bien identifiées, sa personnalité commence à faire l'apprentissage de la diversité culturelle. Alors que ses relations d'amitié pour les enfants du même âge se renforcent et tendent à être plus exclusives, la conscience des différences sociales se développe également, en même temps qu'apparaît une tendance à la ségrégation selon les sexes dans les groupes de camarades et dans la reconnaissance des statuts sociaux et raciaux.

Cette identification des différences culturelles et sociales procède d'abord d'un mouvement allant de l'entourage vers l'enfant; c'est l'entourage qui lui apprend sa nationalité, la profession de ses parents, s'il est Blanc ou Noir, catholique ou musulman, etc., s'il appartient à un milieu valorisé ou dévalorisé.

L'enfant intériorise ainsi peu à peu ses groupes d'appartenance, les « Nous » auxquels il participe; ces « Nous » s'enracinent dans une stratification sociale où ils se situent les uns par rapport aux autres dans des rapports de pouvoir, de prestige et d'argent et dans une histoire qui a déposé dans la mémoire du groupe tout un ensemble d'événements, d'expériences, de modèles et de représentations. Mais ils s'inscrivent aussi dans une stratégie, individuelle ou collective, qui projette le groupe dans l'avenir, dans une compétition pour la reconnaissance sociale, l'ascension, la valorisation ou le changement.

Ainsi, les identifications ne procèdent pas seulement des groupes d'appartenance mais aussi des groupes de référence dans lesquels le sujet puise ses modèles ou auxquels il cherche à s'intégrer; elles ne traduisent pas uniquement la position de l'individu, déterminée par son histoire et son statut social, mais aussi ses anticipations et ses aspirations.

L'on voit que l'identité et l'altérité se construisent dans ce mouvement d'extension croissante où l'individu accède à la conscience de soi, par différenciation d'autrui et assimilation au même, en s'inscrivant dans des groupes de plus en plus larges, organiques, fonctionnels et idéologiques. Il y puise un sentiment de proximité et de solidarité avec des « Nous » (qui s'opposent à « eux », les « autres », les « adversaires », les « étrangers »). Mais c'est un mouvement aussi où autrui renvoie constamment au sujet une image de lui-même qui tend à lui assigner une place, une position et un rôle, à le ranger dans une catégorie en fonction de ses différents groupes d'appartenance.

Au bout de ce double mouvement, l'enfant élabore une conscience relativement précise de son identité (personnelle et sociale), et de son appartenance à une culture, distinguée des cultures « étrangères ». Il aura largement intériorisé les représentations et les idéologies dominantes dans son milieu, relatives à sa culture et à celle des autres, avec tous les stéréotypes, les préjugés, mais aussi les valeurs positives que celles-ci véhiculent.

Si l'individu s'éprouve lui-même comme tel, c'est d'abord en adoptant le point de vue des autres, du groupe social auquel il appartient et des autres groupes : le soi est essentiellement une structure culturelle et sociale qui naît des interactions quotidiennes; il se développe chez un individu donné comme résultat des relations que ce dernier entretient avec la totalité des processus sociaux et avec les individus qui y sont engagés.

Dans ces processus, la séparation entre le même et l'autre, « eux » et « nous », le familier et l'"étranger joue un rôle fondamental et détermine durablement la structuration des rapports entre identité et altérité.

Cependant, cette structuration n'est pas figée. La dialectique de l'identité et de l'altérité évolue tout au long de l'existence; elle le fait moins par additions successives que par remaniements et tentatives d'intégration plus ou moins réussies. Cela ne va pas sans ruptures et sans crises. Les psychologues soulignent particulièrement la crise de la puberté qui entraîne une modification profonde de la problématique identitaire. Elle se traduit, comme P. Tap le note, par un mouvement « de déprise et de restructuration favorisant une réorientation, une mutation dans l'itinéraire et dans l'histoire du sujet. »[14]

L'adolescent s'arrache progressivement au cadre familial et, pour pouvoir modifier son inscription dans le système symbolique de places où il figure, doit d'une certaine façon assumer le meurtre des images parentales et le deuil et la culpabilité qui s'ensuivent. Comme le souligne Erikson, l'identité « surgit de la répudiation sélective et de l'assimilation mutuelle des identifications de l'enfance ainsi que de leur absorption dans une nouvelle configuration qui, à son tour, dépend du processus grâce auquel une société (souvent par l'intermédiaire de sous-sociétés) identifie le jeune indi-

---

[14] P. Tap, *La société pygmalion*. Dunod, Paris, 1988, p. 45.

vidu en le reconnaissant comme quelqu'un qui avait à devenir ce qu'il est »[15].

Un autre élément qu'Erikson met en relief est que, loin d'être une constellation statique de traits et de rôles, l'identité est un phénomène dynamique et conflictuel. Il y a tension en elle entre un pôle positif et un pôle négatif : « L'identité psychosociale renferme une hiérarchie d'éléments positifs et négatifs, ces derniers résultant du fait que, durant son enfance, l'être humain a été mis en présence de prototypes idéaux »[16]. Ces prototypes sont en effet constitués par des modèles de ce qu'il faut viser mais aussi de ce qu'il faut éviter (l'identité négative souvent projetée sur un groupe étranger).

8. Passer et s'enfermer

On retrouve dans toutes les cultures des « rites d'initiation, de passage » qui facilitent plus ou moins le saut qui mène à l'état adulte; car après avoir occupé la place de l'enfant, le jeune va conquérir celle du père ou de la mère avec l'accès à la sexualité génitale et au monde du travail. On a souvent souligné, dans l'identité adolescente, la fascination narcissique, le mélange de conformisme (par rapport au groupe de pairs) et de révolte (à l'égard de l'univers parental), l'affirmation péremptoire et la fragilité, l'engouement passionnel pour certaines figures identificatoires (héros, stars, grands hommes, etc.), et certains idéaux (politiques, religieux, humanitaires...) Cependant, toutes ces caractéristiques dépendent souvent, quant à leur accentuation, des voies que la culture et la société offrent aux orientations et aspirations de l'adolescent.

La marginalisation, aujourd'hui croissante, des jeunes dans nos sociétés, constitue un élément important de leur dynamique identitaire. Le contraste croissant entre leur

---

[15] E.H. Erikson, *Adolescence et crise. La quête de l'identité.* Flammarion, Paris, 1972.

[16] E. H. Eriksaon, *op cit.*, p. 305.

formation et leurs possibilités réelles d'insertion professionnelle, leur exclusion du marché du travail, leur faible présence dans les organisations politiques et sociales, l'écart culturel qui les sépare du monde des adultes, tendent à favoriser une désinsertion sociale; elle se traduit par une défiance générale envers la société (vécue selon l'image de la mauvaise mère), le rejet des institutions traditionnelles et la désaffection vis-à-vis des idéologies et des partis; il y a une oscillation entre une attente utopique de changement total et un repli sur des objectifs quotidiens, limités et immédiats (les petits boulots, les copains, la musique, etc). Les repères identificatoires se situent plus dans les petits groupes ou dans de « nouvelles identités » contestataires (groupusculaire, féministe, pacifiste...) que dans les idéaux traditionnellement proposés à la jeunesse.

La relation à l'altérité suscite chez l'adolescent des attitudes ambivalentes : « Il peut s'orienter et orienter ses conduites selon deux voies antinomiques : celle de l'ouverture et du passage favorisant l'accès à une symbolique des échanges coopératifs et pluriels; ou celle de la répétition, de la fixation, du rythme, de l'enfermement et de la violence en retour »[17].

Cette ambivalence se retrouve au niveau des contacts interculturels : les jeunes manifestent souvent à leur égard une ouverture réelle, une grande curiosité, un désir de dépaysement et de découverte; en même temps, ils peuvent être déroutés par les différences culturelles, avoir de la peine à se décentrer de leur propre univers et à comprendre des systèmes de valeurs et d'attitudes autres.

Il est bien entendu que la dialectique de l'identité et de l'altérité dans la formation de la personnalité ne se fige pas avec l'entrée dans l'âge adulte; c'est un processus toujours inachevé qui se poursuit tout au long de la vie.

---

[17] P. Tap, *op. cit.*, p. 43.

9. Rencontre : de la personne à la culture, unité et diversité

Le regard sur la genèse du sentiment d'identité a permis de mettre en relief le processus d'interstructuration qui intervient entre le sujet et les institutions, la société, la culture. Dans ce processus la dialectique de l'identité et de l'altérité est centrale et traverse aussi bien l'individu que la culture; elle apparaît comme l'une des problématiques fondamentales de l'interaction sociale.

Le phénomène identitaire structure les relations interpersonnelles comme l'espace social; il a pour effet de maintenir une tension et un équilibre entre similitude et altérité, unité et diversité, continuité et différenciation. Là où les discontinuités deviennent rigides et prévalentes, le social éclate dans le schisme et l'explosion des luttes fratricides; quand la fusion fond les différences, il s'effondre dans l'homogène et l'implosion du nivellement uniformisant. Les deux mouvements ne sont pas sans se rejoindre : on a pu montrer que l'individualisme atomistique ouvre souvent la voie au totalitarisme; et l'uniformité d'un groupe social s'accompagne habituellement de phénomènes de clivage, de coupure et d'agression à l'égard de « l'étranger au groupe ». La tension identitaire anime donc tous les niveaux du social, de la personne jusqu'à l'État et jusqu'à la société internationale; une rupture de l'équilibre à un niveau se répercute sur les autres. C'est ainsi, par exemple, que la paranoïa individuelle et collective peut entrer en résonance comme l'a tragiquement illustré le phénomène du nazisme (Erikson, *Enfance et société*).

10. Oppositions et liaisons

L'identité se trouve au point de rencontre de deux mouvements qui tendent à maintenir à la fois la différence et le lien, le paradigme et le syntagme, dimensions constitutives de l'ordre symbolique qui fonde la culture. Produire du paradigme, c'est poser constamment des oppositions qui sont génératrices des signifiants qui font fonctionner les codes sociaux (même/autre, familier/étranger, masculin/féminin, dominant/dominé, enfant/adulte, ami/ennemi, etc.) : chaque terme n'a de valeur que dans la relation qui l'unit à l'autre terme et n'a pas d'identité « en soi ».

Ce mouvement dans lequel l'identité se rend visible et s'affirme peut s'observer dans toute situation de rencontre interculturelle; il prend appui sur les contrastes inscrits dans la réalité, où ce qui est visiblement saillant (au physique comme au moral) se prête plus particulièrement à cette production d'oppositions. Tous les indices d'une différence sont interprétés en signes d'appartenance et en signifiants dans l'élaboration des codes symboliques. Ces oppositions sont génératrices de pôles de tension et de courants qui permettent à la fois les conflits et les échanges; si les oppositions se radicalisent, des cassures s'instaurent dans le groupe qui tendent à couper la communication; si elles sont entièrement déniées, les courants d'échange s'épuisent et le groupe éprouve son unité dans le silence ou la récitation d'un credo idéologique.

Mais le phénomène identitaire n'est pas producteur seulement de paradigmes; il comporte aussi une dimension syntagmatique fondamentale. Les signifiants ne prennent sens qu'à l'intérieur d'un système de relations qui instaure entre eux des liaisons, des réseaux, des chaînes associatives; par exemple, la différence homme/femme ne produit pas seulement de l'opposition mais du lien : liens matrimoniaux, rapports sexuels, relations entre les hommes qui rivalisent pour séduire les femmes ou qui se racontent leurs aventures, complicité entre les femmes, etc. Il serait donc erroné de voir dans les identités collectives une simple structuration clivante de l'espace social; elles sont tout autant un moyen d'instaurer la communication et l'échange.

Dans ce sens, il serait intéressant d'analyser la notion de « jumelage » qui sert de support privilégié à une certaine forme d'échanges internationaux; elle suppose qu'au sein même de l'étranger existe une sorte d'alter ego, de double, en même temps semblable et différent, avec lequel se noue un lien préférentiel : le fait qu'il y ait chez l'autre de l'identique est une condition de communication.

Ainsi l'identité apparaît comme un « échangeur » qui relie et sépare à la fois, il assure la circulation à l'intérieur de l'espace social. Dans ce sens, son statut est semblable à celui du totémisme (plus largement du mythe) tel que l'analyse Lévi-Strauss; le totémisme structure cet espace par un jeu d'oppositions et, dans un même mouvement, permet la liaison et la communication entre les groupes. Pour chaque membre du groupe, le totem, comme l'identité, a une réalité substantielle liée à ses attributs; mais en fait, il fonctionne socialement comme signifiant à l'intérieur d'un code symbolique où sa valeur tient moins à ses caractéristiques propres qu'au système de relations qu'il entretient avec d'autres signifiants. « Le totémisme se ramène ainsi à une façon particulière de formuler un problème général : faire en sorte que l'opposition, au lieu d'être un obstacle à l'intégration, serve plutôt à la produire. »

11. Ouverture à l'autre culture

Nous avons vu que la dialectique de l'identité et de l'altérité marque aussi bien l'individu que la culture. Il nous faut maintenant situer ses effets sur la relation interculturelle. Ce qui s'impose d'emblée à l'observation est la prégnance du sociocentrisme; notre regard sur l'autre est toujours de nature projective et ne peut avoir pour fondement et pour référence que notre propre culture. Cependant, la prise de conscience des biais que cette attitude introduit est presque aussi ancienne que l'attitude elle-même. « Chacun appelle barbarie ce qui n'est pas de son usage », notait déjà Montaigne; et J.-M. de Gérando écrivait au début du XIXe siècle : « Rien n'est plus ordinaire que de juger les mœurs des sauvages par des analogies tirées de nos propres mœurs, qui ont cependant si peu de rapport avec elles »[18]. Échapper à ces biais demande

---

[18] J.-M. Gérando, *Considérations sur les méthodes à suivre dans l'observation des peuples sauvages*, édit. Originale, Paris an VIII, réédit. in Corpus (j) et Jamin (j), *Aux origines de l'anthropologie française*, Paris, le Sycomore, 1978.

donc un travail de décentration par rapport à l'identité propre.

Il est illusoire de croire que la bonne volonté, la tolérance, la curiosité suffisent pour que s'instaure une ouverture à l'autre. Bien sûr ces attitudes peuvent être un point de départ favorable. Mais elles ne peuvent à elles seules aboutir à une authentique intercompréhension. Car l'acceptation de l'autre est loin d'être une attitude spontanée; elle est le plus souvent le résultat d'un trajet difficile qui passe par la prise de conscience de l'ethnocentrisme intrinsèque de notre regard sur l'autre.

12. Le sociocentrisme identitaire

En effet, l'ethnocentrisme ou le sociocentrisme, loin d'être une sorte de saisie déformée de la réalité, de pathologie de la relation, se révèle bien plutôt comme le mouvement naturel et premier face à l'altérité. Les valeurs, les façons de penser et de vivre qui sont les nôtres ne peuvent nous apparaître que naturelles et comme le fondement obligé de l'humain. Que d'autres puissent ne pas les partager ne peut être que le signe d'une aberration ou d'une perversion.

La diversité des cultures et des identités apparaît donc rarement comme un phénomène allant de soi. Elle est vécue plutôt comme une sorte de scandale : « Comment peut-on être Persan ? » L'exclamation de Montesquieu traduit bien les sentiments d'incrédulité, d'incompréhension et de rejet qui président souvent aux contacts entre identités. Partout, à toutes les époques, chaque culture a prétendu incarner l'essence même de l'humanité, rejetant les autres peuples dans la « barbarie » ou la « sauvagerie », termes qui évoquent un genre de vie animal. Lévi-Strauss note que certaines tribus primitives se désignent d'un nom qui signifie « les hommes ». Pour elles, « l'humanité cesse aux frontières de la tribu, du groupe linguistique, parfois même du village »[19].

---

[19] Lévi-Strauss, *Le Totémisme aujourd'hui*, Paris, 1962, *PUF*.

Le sociocentrisme apparaît comme l'attitude la plus fréquente, caractérisant aussi bien les sociétés modernes que les cultures dites primitives. Il est inhérent à toute affiliation à un groupe socioculturel, ethnique ou national. Il est corrélatif du mécanisme de distinction qui sépare le tien du mien, les proches et les étrangers, les « gens d'ici » et les « gens d'ailleurs ».

Erik Erikson parle du besoin de distanciation définie comme une propension à isoler, à rejeter ou même à détruire ceux dont l'essence paraît menaçante pour soi-même; « la durable conséquence du besoin de distanciation est l'empressement à fortifier son territoire d'intimité et de solidarité et à envisager tous les profanes avec une fanatique « surestimation des petites différences » entre familles et étrangers »[20].

Ainsi le sociocentrisme est à la fois un trait culturel universellement répandu et un phénomène psychologique de nature projective et discriminative qui fait que toute perception se fait à travers une « grille de lecture » élaborée inconsciemment à partir de ce qui nous est familier et de nos valeurs propres; cette grille opère une sorte de sélection et traduit ce qui est différent dans notre langage habituel en réinterprétant l'altérité dans le registre du même ou en la rejetant.

13. Les formes du sociocentrisme : préjugés et stéréotypes.

Le sociocentrisme peut prendre bien des formes diverses : actives ou passives. Dans ce dernier cas, il se limite le plus souvent à l'intériorisation. De ces expressions les plus simplifiées et les plus élémentaires de la représentation sociale que sont les stéréotypes et les préjugés. Modes de jugements tout faits, « prêt-à-penser », les préjugés ont ceci de particulier qu'ils offrent un système d'explication ras-

---

[20] E. Erikson, *op. cit.* p. 132.

surant parce que communément partagé, qui permet de faire l'économie d'une réflexion personnelle.

Quant aux stéréotypes, ils consistent en une tendance spontanée à la schématisation et à la rationalisation : « cette opération de simplification et généralisation paraît le propre de toute pensée humaine qui cherche à schématiser son environnement pour mieux s'y reconnaître au milieu de la diversité et du changement »[21]. Elle traduit davantage l'inscription dans une situation culturelle et sociale qu'elle ne rend compte de l'objet auquel elle s'applique. Enquêtant sur les préjugés à l'égard des Noirs aux États-Unis, Hartley est parvenu à la même conclusion : « Les attitudes envers les Noirs sont à l'heure actuelle, principalement déterminées non par le contact avec les Noirs, mais par le contact avec l'attitude régnante à leur égard » (cité par Klineberg, p.591).

Préjugés et stéréotypes reflètent surtout les relations qui s'instaurent entre groupes socioculturels. Ils sont largement induits par les caractéristiques de ces relations. Ainsi une situation de conflit entre deux pays entraînera habituellement des présentations négatives de part et d'autre. Les stéréotypes servent aussi à justifier les rapports existants. On constate, par exemple, qu'à toutes les époques, les conquérants, les colonisateurs et les oppresseurs ont justifié leur pouvoir par une image dévalorisante des ethnies et des peuples soumis. Lors de la conquête de l'Amérique, les Espagnols élaborèrent une théorie selon laquelle les Indiens n'étaient pas de la même espèce qu'eux et qu'en conséquence on pouvait les traiter de façon inhumaine.

Ce phénomène joue souvent aussi face aux immigrés : lorsque la conjoncture économique ne rend plus leur présence nécessaire, ils sont plus facilement alors l'objet de rejet ou d'attitudes xénophobes; comme le souligne O. Klineberg : « Ce ne sont pas les caractéristiques des immigrants qui sont cause de l'antipathie à leur égard, mais on leur

---

[21] J. Maisonneuve, *Introduction à la psychologie*, 2ᵉ édit. Paris, 1975, PUF.

attribue plutôt des caractéristiques qui justifient en apparence cette antipathie » (p. 689).

14. L'exotisme

L'exotisme est un peu le pendant du sociocentrisme; là où ce dernier privilégie les valeurs de la culture propre, l'exotisme valorise l'autre et l'ailleurs. Mais cet autre est le plus souvent un autre mythique, idéalisé, construit par le désir et le rêve de dépaysement. Il figure une sorte de paradis perdu, projeté dans l'ailleurs le plus lointain, dans une altérité radicale qui apparaît comme l'inversion des insatisfactions et des frustrations attachées à la culture d'appartenance. Mais ce mythe ne peut se construire généralement que dans une méconnaissance de la réalité, forcément plus prosaïque que le rêve. Pour cette raison, l'exotisme est défini par T. Todorov comme « un éloge dans la méconnaissance »[22].

Ce que cet éloge exprime, c'est souvent une nostalgie de l'originaire, d'une nature non pervertie ou dégradée par la culture technique, d'une humanité simple et authentique, ignorant les interdits et les tabous; ou alors la fascination des civilisations ancestrales auxquelles sont attribués un raffinement, un art de vivre, une sagesse dont nous aurions perdu le sens; ou encore l'exltation de la modernité la plus avancée, de la prouesse technologique, de la sophistication mécanique.

On voit que l'exotisme constitue plus une attitude qu'il n'est relié aux attributs spécifiques associés à l'objet qu'il se choisit. Le tourisme peut en représenter la forme actuelle et vulgarisée, dans la mesure où il pose le voyage et la découverte de l'ailleurs comme une valeur en soi.

Le tourisme est d'abord une pratique consommatrice; il s'agit de transformer l'altérité culturelle en spectacle, en source de divertissement. Le touriste consomme des paysages, des villes, des œuvres d'art; il est avide de tout ce qui

---

[22] Voir T. Todorof, *Nous et les autres*, Seuil, Paris, 1988, p. 298.

est « typique »; le point de vue unique, la cuisine locale, les fêtes villageoises, les danses folkloriques, l'artisanat. Le touriste, note Todorov, « cherche à accumuler dans son voyage le plus de monuments possibles; c'est pourquoi il privilégie l'image au langage, l'appareil de photo étant son instrument emblématique, celui qui lui permettra d'objectiver et d'éterniser sa collection de monuments » (p. 378). La culture visitée reste exotique, c'est-à-dire extérieure à soi. Les médias ne font souvent que renforcer cette tendance; ils présentent l'étranger comme une suite d'images pittoresques, un pur spectacle dans lequel la culture se fige en folklore; ils apportent l'illusion d'une connaissance sans contact.

Chapitre III

Le défi de l'intervention sociale interculturelle

15. Omniprésence inconsciente de la culture dominante ?

L'oppresseur n'a pas d'existence apparente. Non seulement il ne s'identifie pas lui-même en tant que tel, mais il n'est même pas désigné comme ayant une réalité propre. La densité de sa présence est telle qu'il devient invisible dans la totale coïncidence que réalise son univers avec l'Univers. Rarement vu, rarement nommé, il est pourtant le seul à exister à part entière; détenteur de la parole, il est aussi le programmateur suprême qui confère les divers degrés d'existence à celles et à ceux qui sont différents de lui. (Noël, 1989 : 17).

Le problème de l'intervention sociale dans le contexte du pluralisme culturel des sociétés occidentales et nord-américaines a mobilisé, ces dernières décennies, beaucoup de réflexion de la part des personnes intéressées à l'intervention sociale. Sylvie Perras et Nicole Boucher (1993) ont montré que la politique canadienne du multiculturalisme stigmatise celles et ceux qu'elle veut intégrer; ce faisant, elle alimente le racisme et complique l'intervention. « La montée récente du racisme, écrivent-elles, n'est pas un effet du hasard. La culture ou la différence ne peut être appréhendée en dehors de son contexte historique, ni analysée sans tenir compte des agents qui la mettent en œuvre, à un moment historique donné » (p. 116).

Pour combattre ce racisme, les intervenantes et intervenants sociaux devront éviter de suivre les modèles culturalistes raciaux étrangers et arrêter d'accréditer des concepts ambigus. « C'est par l'analyse et l'innovation, suggèrent ces mêmes auteures, que le service social deviendra capable de lutter efficacement contre le danger de la montée du racisme... et de contribuer à bâtir une société nouvelle plus égalitaire et plus juste » (p. 117).

Michèle Vatz-Laaroussi (1993) a abordé le même problème de l'intervention et des stratégies familiales en milieu interculturel et proposé un modèle basé sur l'analyse du groupe de vie familiale et sur les stratégies que la famille met en œuvre dans l'immigration pour assurer sa survie. Ce modèle se fonde sur quatre sous-systèmes culturels, à savoir : « celui du pays d'origine tel que connu avant le départ, celui du pays d'origine tel qu'il figure dans les représentations familiales après l'immigration, celui de la société d'accueil transmise par la communauté ethnique et son organisation, celui enfin, de cette même société à travers ses institutions » (p. 60).

Un tel modèle, selon l'auteure, devrait permettre d'appréhender la complexité du vécu migratoire et de cheminer avec les membres de la famille dans leur « reconstruction » psychosociale, tant individuelle que collective. Et l'auteure estime que « c'est dans cette gestion que l'intervenant social va intervenir, lui-même porteur des valeurs et modèles de la société d'accueil ou de la communauté ethnique dont il peut être membre » (p. 60).

Diane Bernier (1993) fait appel à plusieurs théories sur le stress pour avoir une vision d'ensemble sur l'expérience des Indochinois qui arrivent des camps de réfugiés du Sud-Est asiatique. L'auteure retient les formes de stress suivantes : le stress associé au changement, à l'acculturation, au deuil et au traumatisme. Elle a choisi de souligner, pour la formation à l'interculture, quelques éléments qui sont dans la continuité des théories sur le stress. La résistance traditionnelle des immigrantes et immigrants, des réfugiées et refugiés à consulter les organismes sociaux, résistance observée d'ailleurs par plusieurs autres auteurs, met en évidence l'importance de la formation à l'intervention en contexte interculturel.

L'auteure précise que « la distance culturelle et la particularité des expériences de vie de ces réfugés justifient une formation spécifique pour les aidants actuels et potentiels de ce réseau » (p.93). Ceci constitue une invitation à explorer d'autres concepts pour élargir cette formation afin d'inventer des solutions aux mille et une questions que soulèvent les sociétés multiculturelles d'aujourd'hui.

Dans l'ouvrage collectif *Comprendre pour soigner autrement*, Ellen E. Corin et al. (1990) relèvent, en Abitibi (Québec), trois configurations culturelles qui sont chacune à leur façon le produit d'une histoire particulière et qui ont émergé dans un même espace territorial qu'on pourrait se représenter comme un tout culturellement homogène. Pourtant c'est au carrefour des différences culturelles en Abitibi que se révèle le profil véritable de la région. Pour offrir des services de santé mentale adéquats dans cette région, ces différences culturelles ont suscité la mise sur pied de quatre modèles, à savoir : un modèle centré sur le travail infirmier, le modèle psychologico-centrique, le modèle médico-centrique, et un modèle centré sur l'espace transitionnel.

Ces différentes approches ne sauraient être homogénésiés par une sous-culture dominante si on veut donner de tels services de santé mentale. « Une politique régionale de santé mentale qui annulerait cette pluralité d'approche ne pourrait que rapidement conduire à un appauvrissement » (p. 236), affirment les signataires du texte. Autrement dit, la façon de voir ou de concevoir et de dispenser les services doit absolument respecter chaque sous-culture de la région, pour permettre d'initier de nouvelles pratiques répondant mieux aux besoins des populations.

Pour répondre de façon appropriée aux exigences de la pratique en milieu multiethnique et multiculturel, les intervenants en travail social devraient avoir une formation au niveau du savoir, du savoir-être et du savoir-faire (G. Legault, 1991). Avant ce dernier auteur, d'autres comme Albert (1986) et Cohen-Emerique (1984) avaient proposé respectivement le modèle de « sensibilisateur » de culture et le modèle de « prise de conscience » de sa culture.

Le modèle sensibilisateur de culture est très utile pour communiquer des informations culturelles, pour augmenter les aptitudes à faire des interprétations culturelles qui soient en accord avec celles de la culture autre que la sienne et pour faciliter les relations entre les personnes de cultures différentes. Le modèle conscientisateur permet, à partir d'une conscience de soi, d'intégrer la connaissance de l'autre avec ses différences socioculturelles.

Cette problématique semble requérir une exploration interculturelle non seulement du point de vue de la culture dominante et de ses institutions, dont le service social, mais aussi à partir des perspectives culturelles des diverses communautés qui, elles aussi, peuvent constituer des sous-cultures plus ou moins dominantes. Étant donné que, sur le plan social, « la société occidentale-nord-américaine en général fonctionne dans le contexte de hiérarchie de cultures plutôt que d'égalité entre cultures, ce qui permettrait la reconnaissance des différences » (D. Kalpana, 1988 : 34), il existe une relation de verticalité entre les communautés culturelles, relation qui se traduit par une stratification qui place au sommet la culture dominante normative. D'une part, la population ethnoculturelle perçoit la culture dominante et les personnes qui la représentent comme dominateurs et oppresseurs plutôt que simplement différents. L'intervenante et l'intervenant social comme praticien, praticienne, théoricien ou théoricienne, représentent la culture dominante et la culture de sa profession. Dès lors, peuvent-ils vraiment être neutres et démystifier les notions erronées véhiculées par des termes tels que « groupe ethnique », « communauté culturelle », « minorité », « allophone », etc. ?

Pour résoudre ce problème, la réflexion devrait porter sur l'intervention dans une société multiculturelle, source d'une réalité interculturelle, réalité qui s'oppose au dualisme et au monisme. Par dualisme il faut entendre ici, l'idéologie qui prône la polarisation : d'une part la culture dominante et d'autre part les autres cultures individuelles nullement reliées entre elles, s'ignorant les unes les autres dans une indifférence de ghetto et dans l'autonomie de l'indépendance souveraine, exclusives des autres. Avec le monisme, la culture d'un groupe se présente à l'autre comme absolument nécessaire à sa survie et à son existence, au point de ne plus respecter la distinction, la différence et l'irréductibilité constitutive entre les deux.

C'est ce que Perrot (1990) illustre en parlant de la coopération, quand il écrit : « le coopérant a beau parler de « son » projet, c'est le projet lui-même, comme structure, qui déterminera sa pratique de coopérant » (p. 35). De façon similaire, l'on peut dire des intervenantes et intervenants sociaux qu'ils ont beau avoir tendance à parler de « leurs » interventions, c'est leur sous-culture dominante ou leur culture professionnelle, comme structure, qui déterminera pour une bonne part leur pratique. Or, si nombre de ces interventions consistent, comme l'écrit R. Bureau (1978), à remplacer « un potager par un parking chez les végétariens sans « voiture », à quoi servirait-il de les sensibiliser et à quoi les sensibiliser ? C'est à ces deux questions que je tente d'apporter une contribution en abordant le problème de la « formation à l'intervention sociale interculturelle ».

Je ne l'envisage pas dans une optique descriptive, montrant ce qu'elle est, comment elle est conçue, quels en sont les effets dans tel ou tel contexte, mais bien sous l'angle normatif de ce qu'elle devrait être. Pour ce faire, j'articule ma réflexion autour du double concept de centration et de décentration culturelle.

La centration culturelle est le double phénomè7ne qui consiste à valoriser les réalisations et les aspirations du groupe auquel on appartient et à dévaloriser celles des autres groupes. On surestime son propre groupe et on sous-estime l'autre groupe. La décentration culturelle est une démarche scientifique permettant à l'individu de saisir l'autre en tant que lui-même, réduisant ainsi la part de subjectivité.

Dans ce contexte, on désigne comme macro culture la culture dominante occidentale-nord-américaine par le fait qu'aujourd'hui, la réalité humaine est divisée en plusieurs cultures et sous-cultures dont les sociologiquement dominantes sont la civilisation technologique, le système panéconomique et ce que l'on nomme, de façon populaire, le mode de vie occidentale-nord-américain.

16. Rôle de l'identité nationale dans la rencontre interculturelle

Ce qui apparaît, dans un premier abord, c'est l'investissement considérable que peut susciter, pour certains, l'identité nationale. Cette dernière peut provoquer les pires égarements comme les plus grands sacrifices, inspirer le chauvinisme le plus agressif comme l'héroïsme le plus désintéressé. Mourir pour la patrie a toujours été présenté par l'idéologie nationale comme un destin glorieux. L'identité professionnelle pourrait-elle trouver une correspondance à ce niveau ? Cela semble douteux.

Cependant, on peut constater qu'elle est presque toujours présente même lorsqu'elle se dissimule derrière une idéologie universaliste ou internationaliste. Ainsi, ce qui s'est manifesté dans un premier temps dans tous les groupes, dans les premiers moments de la rencontre lors des colloques, des symposiums, des ateliers de travail sur les problèmes sociaux, c'est, chez les participants, une attitude de dénégation quant à l'importance et l'existence même d'une identité nationale.

Cette attitude s'exprime souvent dans des propos comme : « Nous sommes tous des individus humains, qu'on soit Britannique, Français, Allemand, Africain, Canadien ou Américain, les nationalités n'ont aucune importance ». Elle est peut-être le signe visible de l'anxiété devant la menace que le groupe fait peser sur l'identité individuelle; elle témoigne aussi de la crainte que les différences nationales n'entraînent des clivages et des tensions dans le groupe. « Nous voulons oublier les nationalités qui sont source de conflit et d'incompréhension », lançait une travailleuse sociale au début d'un atelier dans un symposium. Dans cette attitude intervient un autre facteur : la sous-culture commune des participantes et participants; en effet, ce milieu d'intervenantes et intervenants sociaux se retrouve dans une idéologie universaliste et internationaliste, affirmant une similitude et une confraternité entre les humains quelle que soit leur origine nationale, sociale ou raciale.

L'identité nationale est le plus souvent combattue comme un préjugé et une forme de discrimination. Ceci inhibe dès le départ les discours et les comportements qui iraient à l'encontre d'une telle idéologie; ils ne s'expriment que de façon détournée ou masquée et parfois incontrôlablement directe. Lors d'un colloque, une travailleuse sociale posait la question : « pourquoi ne sont-ils donc pas tous Canadiens ? On n'aurait pas de problème ».

Dans un second temps, l'identité nationale est reconnue mais comme caractéristique des « autres ». Plusieurs participants des groupes d'étudiants indiquent qu'au début ils ont tendance à appréhender l'identité de leurs camarades d'université en terme de nationalité : les Amérindiens, les Africains, les Français, les Anglais, les Canadiens. Cette catégorisation apparaît comme un moyen d'apprivoiser l'inconnu, de le rendre plus familier et de se défendre contre le sentiment d'anxiété pouvant naître de la perception des différences.

En dernière analyse, l'identité nationale devient ainsi le caractère des autres nationalités; on trouve que tel participant est typiquement Africain, Français ou Britannique. Le plus souvent ceux qui sont ainsi pointés du doigt réagissent mal à cette forme de catégorisation : par exemple Diouf, jeune participant africain, se défend vigoureusement quand on lui dit qu'il fait très africain. Il rétorque qu'il n'est pas Africain mais Sénégalais.

L'identité nationale attribuée de l'extérieur apparaît comme une image imposée et réifiante, niant la spécificité de chaque personne, d'autant que ces images attribuées de l'extérieur sont souvent à dominance négative. Ces stéréotypes négatifs ne s'expriment d'ailleurs que progressivement et avec une certaine gêne, mais aussi avec un certain plaisir de pouvoir extérioriser des images agressives jusque-là retenues; on insiste avec satisfaction sur les travers de chaque nationalité : les Allemands manquent d'humour, les Français sont tâtillons et tracassiers dès qu'ils sont derrière un guichet, etc. Il faut remarquer que les ressortissants de chacune de ces nationalités, qui ont auparavant affirmé ne pas se sentir de solidarité particulière avec leurs concitoyens, réagissent le plus souvent à ces portraits comme s'ils étaient directement visés par la description, tout en se défendant de se sentir atteints.

L'identité nationale se présente donc d'abord comme une image imposée de l'extérieur et dans laquelle on ne veut pas se reconnaître. Mais d'une certaine façon, quelle que soit sa position personnelle, cette image est attachée à l'individu, même s'il essaie de s'en défaire. Ainsi une participante cubaine exprime son étonnement et sa révolte du fait qu'une participante canadienne avait refusé de lui serrer la main parce que le régime de son pays était anti-démocratique; elle-même ne se sentait aucune sympathie pour son gouvernement mais aux yeux des autres elle était en quelque sorte la représentante responsable de son pays.

De même, des participants canadiens reprochaient à la ressortissante cubaine de ne pas défendre le communisme et ainsi, de ne pas correspondre à l'image idéale qu'ils s'étaient forgée des citoyens d'un pays socialiste; ils trouvaient que ses préoccupations étaient trop « bourgeoises ». Force à été à la Cubaine de conclure : « Même si nous ne voulons pas reconnaître les identités nationales, elles sont bien là et nous collent à la peau. »

L'identité s'offre donc au départ plutôt en termes de « ils » qu'en termes de « nous » et comme quelque chose d'extérieur, comme faisant partie de la personnalité. Mais les réactions des participants manifestent en même temps une identification très largement intériorisée à la nationalité à laquelle ils appartiennent. Les perceptions réciproques ne s'expriment qu'avec prudence et souvent avec culpabilité. Ainsi lorsqu'une jeune coopérante canadienne dit qu'avant de voyager en Afrique, elle se représentait les Africains comme de gros paresseux jouant au damier toute la journée à leur véranda, tout le monde se tourne vers les quelques participants africains présents dans la salle pour voir leurs réaction et certains éprouvent le besoin de leur dire qu'heureusement, plus personne ne partage aujourd'hui de tels préjugés.

L'identité se situe au départ dans ce jeu d'images qui captent l'individu, dans ces clichés où il peut ne pas se reconnaître mais où les autres le figent, dans ces représentations qu'il veut croire extérieures, mais qui l'interpellent du dedans de lui-même.

L'on pourrait, sans crainte de se tromper, avancer que tout intervenant est victime des préjugés de son identité nationale qu'il porte indissociablement comme individu. Pour libérer l'autre il doit d'abord se libérer lui-même.

Étudions ici un autre petit cas. Une éducatrice travaillant auprès de jeunes enfants de diverses origines et qui venait de leur parler des méfaits de la violence physique fut horrifiée d'entendre une petite fille de cinq ans lui décrire la façon dont la mère l'avait corrigée, quelques jours plus tôt, avec une « strap ». Elle ajouta que c'était pour la punir d'avoir déchiré sa robe, car elle devait se changer avant d'aller jouer.

L'éducatrice, bouleversée par ce récit, songeait à contacter la Direction de la Protection de la Jeunesse lorsqu'elle remarqua que peu d'enfants dans le groupe semblaient étonnés par cet événement. Elle décida donc d'en parler d'abord à la travailleuse sociale de l'école. Et voici la question qui se pose : si vous étiez la travailleuse sociale de cette école, que diriez-vous à l'éducatrice ? Les réponses ne se firent pas attendre :

a) qu'aucun parent n'a le droit de lever la main sur un enfant, quelle que soit la circonstance, et que la mère doit être contactée;

b) que la mère a sans doute perdu contrôle et qu'il vaut mieux vérifier si ce genre de geste est fréquent;

c) que l'histoire de ce cas va sans doute démontrer qu'il s'agit d'une femme surchargée, seule et en difficulté, qu'il s'agit de problèmes fréquents propres à certaines classes sociales;

d) que, pour la mère, il est normal de punir un enfant par une correction physique si elle est en relation avec une faute commise.

La réponse a) La loi actuelle relative à la protection de la jeunesse obliges les professionnels du Québec et de l'Ontario à faire part à la Direction de la Protection de la Jeunesse de tout comportement abusif ou mauvais traitement qu'un adulte inflige à un enfant. Sans remettre en question le bien-fondé de cette loi, il est important de s'assurer que l'intervention tient compte du contexte culturel et familial dans lequel le geste a été posé. Il y a une différence entre une personne qui utilise une sanction corporelle contre un enfant en raison d'une mauvaise action, celle qui le punit parce qu'elle est épuisée et celle qui ne se rend même pas compte de ce qu'elle fait contre l'enfant.

Ces trois cas nécessitent des interventions différentes. Un changement trop rapide ou trop drastique peut entraîner des perturbations au sein de la famille, parfois plus dangereuses pour le développement de l'enfant; l'enfant peut ne pas comprendre le changement d'attitude du parent et l'interpréter de diverses façons. L'inconfort ressenti face à ce changement de discipline peut devenir si exigeant qu'il occasionne une plus grande tension dans le milieu familial, entraînant ainsi de nouveaux problèmes. Il est important d'être attentif à la façon dont l'enfant perçoit ce genre de sanction. Si des changements sont nécessaires, il faut veiller à ce qu'ils soient bien compris et graduellement intégrés par chacun (il ne s'agit pas ici du cas où la vie de l'enfant est en danger). Il ne faut pas non plus adopter l'attitude inverse et ne plus intervenir auprès de ces familles sous prétexte que ce sujet est trop délicat. Des abus réels peuvent exister dans n'importe quelle famille, quelle que soit son origine ethnique. Cette réponse démontre le sens des responsabilités, mais peu de souci du bien-être réel de l'enfant.

La réponse b) Cette réponse pourrait être plausible. La quantité de tâches nouvelles, le milieu avec lequel il faut se familiariser, le nombre d'heures de travail auxquelles doivent souvent faire face les immigrants, peuvent influencer le climat familial, mais ce n'est pas le cas ici, la jeune expliquant calmement la raison du geste posé par sa mère.

La réponse c) Il semble difficile d'établir si l'utilisation des corrections physiques comme mode de sanction constitue un trait culturel ou une caractéristique de classe sociale défavorisée; il est probable que les deux aspects sont à considérer. Cependant, cela ne semble pas être le cas présent, la jeune fille ayant reçu sa correction suite à sa négligence pour sa robe.

La réponse d) L'attitude générale des autres enfants démontre que, dans ce milieu ou ce groupe de familles, ce type de sanction est fréquemment utilisé. Il ne s'agit donc pas de traumatiser l'enfant mais d'être attentif à la fréquence et à l'intensité de ce type de correction. Une séance d'information s'adressant à l'ensemble des parents permettrait sans doute une première réflexion sur ce sujet, offrirait l'opportunité de mieux connaître les parents concernés et faciliterait le choix du type d'intervention à venir, si celle-ci était nécessaire. Ceci semble être un bon pas vers une bonne explication.

17. Centration culturelle : penser l'autre selon soi

Toute tentative véritable de communication interculturelle peut apparaître comme une démarche paradoxale. Elle suppose que celui qui s'y engage reconnaisse à la fois l'étranger comme semblable et comme différent.

Reconnaître l'autre comme différent, c'est accepter de relativiser mon propre système de valeurs; c'est admettre qu'il puisse y avoir d'autres motivations, d'autres références, d'autres habitudes que les miennes; c'est éviter d'interpréter les comportements de l'étranger dans mon propre langage pour tenter de comprendre la signification qu'ils revêtent pour lui-même. Il s'agit d'un mouvement de décentration par rapport à la position « egocentrique » que constitue l'ethnocentrisme ou encore le sociocentrisme. Mais une telle décentration suppose la prise de conscience de sa propre identité culturelle. Dans les perceptions, les représentations, les appréciations que j'ai de l'autre, il s'agit d'abord de ressaisir mon propre regard; le discours que je tiens sur lui reflète d'abord ma propre identité : « Les jugements que portent les nations les unes sur les autres nous informent sur ceux qui parlent, non sur ceux dont on parle ». (T. Todorov, p. 27).

Examinons ceci à travers un exemple : Mario, Isa et leur fille Gracia sont venus d'Italie pour s'installer dans une peite ville près de Montréal, il y a six mois. Grâce à une famille amie, les Stefano, Mario et Isa se trouvent rapidement un emploi, lui dans une usine de bicyclettes, elle au restaurant des Stefano. Issus tous deux d'une nombreuse famille, ils se sentent plutôt seuls dans cette ville ; cependant ils espèrent faire bientôt venir la mère d'Isa au pays. Aussi décident-ils, pour le moment, de placer Gracia dans une garderie. Isa visite donc la garderie où se rend aussi Maria, la fille des Stefano.

Judith, la responsable de l'établissement, s'empresse d'accueillir Isa et de lui faire visiter les lieux; elle lui explique le fonctionnement de la garderie et l'assure de l'attention portée à chaque enfant et de l'importance pour chacun d'apprendre à devenir autonome. Isa, après s'être informée du nombre de personnes qui travaillent à la gerderie, se résigne donc à y conduire Gracia la semaine suivante.

Si les premiers jours Gracia pleure souvent, surtout au moment de la séparation avec sa mère, la deuxième semaine cependant, grâce à Maria, elle semble s'adapter un peu mieux au milieu. Elle demeure toujours distante avec l'éducatrice et les autres enfants mais s'intéresse à tout ce que fait Maria, la suivant un peu partout et parlant souvent italien avec elle. Lors des repas, elle prend place à ses côtés, accroche ses vêtements avec les siens, griffonne sur les mêmes feuilles que son amie et la laisse replacer ses jouets.

La quatrième semaine, l'éducatrice demande à Judith de changer Gracia de groupe parce que celle-ci compte trop sur Maria et ne s'intègre pas assez aux autres enfants. Dès qu'elle est changée de classe, Gracia commence à s'isoler davantage ; refusant de se mêler aux autres enfants, elle pleure souvent et recommence ses crises lorsque sa mère la laisse le matin. Isa, inquiète, décide d'interroger Judith sur l'attitude de Gracia.

Comment aider Judith à comprendre la situation ? Faire comprendre à Judith que Gracia ne comprend pas pourquoi elle a été changée de groupe : voilà une réponse un peu simplette et qui ne va pas loin. En effet, cette interprétation est possible surtout pour des personnes habituées à valoriser l'autonomie et à encourager le questionnement, précoce chez les enfants. Car, dans un tel cas, l'enfant ayant l'habitude de se faire expliquer les interventions des éducatrices aurait peut-être réagi en demandant quelle est la raison motivant ce transfert ; ce qui ne semble pas être le cas.

Une autre réponse également simplette sera que Gracia avait des difficultés à comprendre les consignes éducatives. Cette explication est parfois juste pour les jeunes enfants dont les parents viennent d'arriver au pays et qui sont placés en garderie. Cependant, Gracia semble bien suivre le premier groupe; c'est lorsqu'elle est transférée dans un nouveau groupe qu'elle s'isole davantage.

Nous considérons qu'Isa hésite à placer Gracia dans une garderie et s'y résigne, en attendant l'arrivée de sa mère; de plus, issue d'une famille nombreuse, il est possible que Gracia soit habituée à recevoir l'attention et la surveillance de beaucoup d'autres personnes autour d'elle; c'est d'ailleurs l'une des préoccupations d'Isa de vérifier quel est le nombre de personnes susceptibles de veiller sur sa fille; pour elle, il est difficile d'imaginer qu'une seule éducatrice soit en mesure de porter suffisamment d'attention à tout un groupe d'enfants, comme pouvaient le faire les nombreux membres de sa famille, chez elle. C'est pourquoi Gracia peut se sentir moins en sécurité et avoir besoin de plus de temps pour s'adapter à son groupe. La présence de Maria, de même origine, favorise donc son intégration en lui permettant de retrouver une langue et un code familiers; elle se sent donc plus en sécurité.

Selon D. Perrot (1990), attitudes, comportements, façons de voir sociocentriques ou ethnocentriques sont le propre de tout regroupement humain. Il démontre que le sociocentrisme comme phénomène est universel, même si les formes qu'il peut emprunter diffèrent d'une culture à l'autre.

On retrouve là un processus que la psychologie nous a rendu familier : c'est en prenant conscience de sa propre subjectivité qu'on peut comprendre celle d'autrui. La rencontre interculturelle nous ramène, comme le souligne T. Todorov, à « cette banale vérité qu'à s'ignorer soi-même, on ne parvient jamais à connaître les autres; que connaître l'autre et soi est une seule et même chose » (p. 27).

Reconnaître en même temps l'autre comme semblable, c'est admettre que la différence n'exclut pas la similitude; c'est le considérer comme appartenant fondamentalement à la même humanité que moi; c'est supposer que la différence n'est pas seulement un obstacle à la communication, mais peut être un stimulant et un enrichissement. Il s'agit là de dépasser le stade esthétique de l'exotisme où l'altérité est valorisée, mais comme objet extérieur de curiosité, de désir ou de fascination.

Si l'étranger peut être semblable, c'est à condition de lui ôter son statut d'objet et de le rencontrer comme sujet. C'est aussi en acceptant la part d'altérité que chacun porte en soi et la découverte que « Je » est un « autre », pour parler comme Rimbaud.

Enfin, reconnaître l'altérité en nous, c'est prendre conscience que nous sommes tous des « métis » culturels. Les identités culturelles ne constituent pas des blocs homogènes et bien délimités comme le seraient des espèces botaniques ou animales. Ce sont des phénomènes dynamiques, traversés constamment par des forces d'assimilation et de différenciation. Aujourd'hui, la mobilité plus grande et le brassage des groupes sociaux produisent une fragmentation des identités socioculturelles, et des combinatoires insolites entre ces fragments. Des systèmes référentiels d'hier (eux-mêmes pénétrés et altérés par d'autres), il ne reste souvent que les « reliques »; des gestes, des récits ou des signes détachés de l'ensemble auquel ils appartenaient.

Notre culture est de plus en plus une culture transnationale puisant ses éléments dans l'ensemble des cultures planétaires et les combinant diversement. Ce phénomène est particulièrement net dans les médias qui offrent une culture « mosaïque » largement cosmopolite où les téléfilms américains alternent avec les dessins animés japonais.

Cette réalité offre un contraste saisissant avec certains égocentrismes nationaux qui s'accrochent désespérément à l'illusion de leur insularité et qui s'expriment naïvement dans le chauvinisme du discours politique.

Par ailleurs, les conséquences du sociocentrisme de tel ou tel groupe sont loin d'être identiques. Prenons l'exemple de la culture occidentale-nord-américaine : en raison de sa puissance technologique et économique, elle dispose des moyens capables d'imposer aux autres sa rationalité et sa façon de concevoir et d'implanter le « développement ». C'est en ce sens que le sociocentrisme occidental (nord-méricain ou autre) est spécifique, d'une part dans la menace qu'il fait peser sur toute autre culture et, toute autre part dans le fait qu'il possède les moyens matériels et financiers pour mettre cette menace à exécution.

Mis à part ce sociocentrisme exceptionnel par sa capacité de s'imposer matériellement, la culture occidentale possède également une faculté de réflexivité qu'elle a appris à développer au cours de son histoire. La sensibilisation de l'intervenante et de l'intervenant social devrait donc avant tout miser sur cette aptitude culturelle à réfléchir sur sa culture d'appartenance afin de diminuer les effets de son propre sociocentrisme.

Comme tout individu, l'intervenant social n'est pas un simple enregistreure de faits, il n'est ni passif, ni isolé. Son rôle est actif. En effet, comme souligne Watzlawick (1972), « dès l'enfance, il structure, sélectionne, classe, trie, filtre non seulement les mille et une perceptions sensorielles qui l'affectent à chaque instant mais tous les messages qu'il reçoit » (p. 93).

S'il n'est pas passif, il n'est pas non plus isolé; il est inséré dans une histoire, une société qui l'empêche à tout jamais de se considérer libre de ce réseau extrêmement complexe de liens entravant sa volonté d'être objectif. Tout au long de son existence, l'individu acquiert des systèmes de référence. Progressivement, cet individu se socialise grâce à la famille, à l'école, au quartier, à la bande, à la profession, etc. Finalement, il intériorise le cercle concentrique le plus englobant, à savoir celui constitué par la culture dominante et ses valeurs.

À ce stade, il assimile les valeurs dont il se servira pour connaître « sa » réalité qu'il croit être « la » réalité. L'individu se met graduellement au centre de ses perceptions; de même, il met son groupe au centre et c'est à partir de ce centre qu'il élabore ses jugements sur la culture des autres. Être socio-centré, c'est donc penser l'autre selon soi, c'est l'illusion systématique et non consciente d'être en possession d'un savoir objectif, c'est supposer qu'on n'a pas de présupposés, c'est ignorer l'ampleur de la subjectivité personnelle et sociale. La tâche de la formation est donc de déclencher un mouvement réflexif chez l'intervenante et l'intervenant social pris en tant que sujet individuel culturellement déterminé.

18. L'identité, fondement de la communication

Dans ce mouvement réflexif, en effet, il n'y a pas de communication sans identité et identification des personnes en présence; les premiers contacts échappent difficilement à cette déclinaison d'identité (qui suis-je ? qui es-tu ?) qui est à la fois une façon d'engager le contact et de le refuser ou du moins de le circonscrire. Je ne peux communiquer si je ne sais pas à qui je m'adresse et à quel titre. Il s'agit de cerner à la fois l'identité de l'interlocuteur et de ce qui de ma propre identité (sexuelle, sociale professionnelle, nationale, idéologique, etc.) va être convoqué par notre échange.

L'identité est ici un élément de sécurisation, une façon de parer à l'angoisse de l'inconnu, de la contenir par des repères et des limites. Elle trouve une correspondance au niveau du discours dans « le commun » qui déploie un domaine familier de rencontre; les figures stéréotypées et rituelles de la conversation (le temps, le paysage, les voyages, la nourriture, les nouvelles...) établissent un terrain relativement neutre et partagé où l'interaction peut se nouer sans trop de risques. C'est la face positive du banal—notion antagoniste de l'étrange—qui constitue l'un des socles de l'identité. Notre sentiment d'identité tient en effet pour une part à ces rituels, à ces gestes coutumiers, à ces lieux communs reconnus dans leur rassurante familiarité; il y puise une impression d'invariance où chacun conforte la conscience de son unité et de sa continuité au sein de milieux et de moments changeants.

Le banal constitue, comme l'identité, une limite et même un enfermement mais aussi le fond sur lequel peut ressortir « l'extraordinaire » et où la communication peut s'ouvrir à l'échange et à l'étrange. Ainsi apparaît-il comme le point d'ancrage des dérives réelles ou imaginaires dont le projet ou l'obligation (l'appel) traverse l'individu dans les lieux où il se sent le plus identique à lui-même. Si l'on hésite souvent à s'aventurer hors de cette coquille, à la fois dure et fragile, malgré l'appel et la fascination de l'inconnu, c'est en partie par refus d'être entraîné loin du lieu où se forgent les significations principales et récurrentes de sa vie. C'est lorsque je suis suffisamment rassuré dans mon identité que je peux prendre le risque de l'exposer dans la communication où elle peut être remise en cause, ébranlée ou modifiée.

Si l'identité permet de donner une figure aux interlocuteurs et de conjurer l'inconnu par le familier, elle est aussi une façon d'harmoniser les attentes, les échanges et les comportements. Le rapport qui relie les interactants dans leurs identités respectives définit un canal, une sorte de « longueur d'onde » et de schème relationnel qui facilitent l'ajustement mutuel. Ainsi la « galanterie » a constitué pendant longtemps un modèle d'interaction privilégié entre hommes et femmes; il fournissait à la fois une définition de rôle (où l'empressement conquérant et séducteur de l'un trouvait une réponse dans la coquetterie et la réceptivité flattée de l'autre), un scénario (avec son but—la séduction—, ses étapes obligées, ses intrigues et ses stratagèmes) et une rhétorique.

Une fonction importante de la communication qui se joue à travers une part non négligeable des échanges est de confirmer implicitement (ou d'infirmer) l'identité des interlocuteurs. Par leurs propos ou leur comportement, ceux-ci se donnent mutuellement une définition d'eux-mêmes, qui se traduirait en clair : « Voilà comme je vous vois et comme je me vois; voilé comme je souhaiterais que vous me voyiez et que vous vous situiez par rapport à moi et moi par rapport à vous ». L'autre peut alors accepter, refuser ou corriger cette définition; il y a dans ce mouvement de confirmation, de rejet ou de déni de l'identité, la base de la plupart des émotions que les gens ressentent les uns vis-à-vis des autres et qui va de l'angoisse au plaisir, de la joie à la colère, de l'amour à la haine. Cette relation identitaire sert de soubassement à la communication et en influence le contenu.

Dans la relation interculturelle, la prise de conscience des centres constitutifs de sa personnalité individuelle et sociale est ainsi le préalable de la mise à distance de ces repères. Les sources de valorisations positives et négatives n'agissent pas mécaniquement. Les différents contextes détermineront lequel, de la classe sociale, du sexe ou de la profession l'emportera, dans un cas particulier, sur les autres. D. Perrot nous apprend que « dans telle circonstance, l'individu réagit en tant qu'ouvrier, dans telle autre, comme homme, comme jeune ou encore comme occidental-nord-américain » (p. 37). Avec l'intervenant social, il s'agit d'analyser essentiellement ce sociocentrisme, c'est-à-dire la constellation des valeurs acceptées ainsi que celles rejetées, critiquées ou ignorées tant dans sa propre culture que dans les cultures étrangères. Si la personne responsable de l'intervention saisit ce que signifie une centration au niveau culturel, elle sera par la suite mieux à même d'interroger les autres centres de valeurs qui affectent son comportement et son idéologie.

19. Les relations interpersonnelles et le Soi

Que dire des relations entre l'intervenante, l'intervenant et le client ? Dans l'examen de l'interaction entre les personnes, médiatisée par le langage et par des modalités gestuelles, il est possible d'échapper à la détermination de la personnalité en termes psychologiques ou sociologiques. George Herbert Mead (1963) avait proposé un cadre conceptuel, un autre paradigme pour les sciences sociales, qui renonce au modèle sujet-objet de la philosophie de la conscience et à une approche psychologique du comportement. Il envisage le comportement de l'individu dans l'interaction entre deux organismes qui réagissent l'un sur l'autre et exercent des influences mutuelles, d'où le nom de « behaviorisme social » donné à sa théorie.

Pour Mead, la personnalité de l'homme lui vient de son appartenance à une communauté dont il assume les institutions dans ses attitudes et ses activités. Il existe donc des réactions identiques chez les individus d'une même communauté et c'est dans la relation que l'individu réalise son propre Soi. « La structure sur laquelle se construit le Soi est cette réaction commune à tous, car on doit être membre d'une communauté pour être un Soi » (Mead, 1963).

Notons qu'il ne faut pas confondre ce concept de Soi défini par Mead avec la notion du Moi, telle que la conçoit la psychologie ou telle que la psychanalyse la définit comme une instance du sujet à mettre en rapport avec le Ça et le Surmoi. En effet, le concept de Soi se comprend comme le produit des ajustements qui se réalisent à travers le rôle joué par l'individu dans ses relations avec les autres. Le Soi des individus se situe moins en eux qu'entre eux.. La définition de Soi ne dépend pas seulement de la volonté ou d'une démarche personnelle, elle doit être acceptée et ratifiée après par les autres. Le Soi se conçoit comme un effet de positionnement de l'individu dans les situations d'interaction.

Cette réflexion sur le Soi peut se prolonger dans un autre aspect où l'on envisagerait la société en termes d'actions réciproques et de relations. Dans une telle perspective, les comportements mineurs et les interactions ordinaires sont étudiés tels qu'ils apparaissent dans la conversation et les relations de face à face. Erving Goffman (1974) l'a fait. L'ordre social, c'est-à-dire la structure générale de la société et l'action sociale conduite par les individus, qui sont les deux grandes questions classiques de la sociologie, est articulé chez lui dans un « couplage flou » par l'intermédiaire du concept de Soi. Son travail présente un intérêt majeur pour la question des rapports entre culture et communication.

En effet, les comportements de l'individu sont évoqués en termes de signification expressive : les signes de comportement se réfèrent à une relation de soi à soi, de soi à autrui et de soi à l'institution. C'est dire que le comportement ne relève pas d'une structure psychologique mais d'une relation de l'individu aux autres et à la communauté dans le cadre de situations socioculturelles.Ces comportements, verbalisés ou non, se réalisent dans un en deçà d'une communication au sens strict : ils livrent partiellement l'intentionnalité de la personne dans le cadre de son action. Du point de vue de Goffman, les interactions fondées sur le contact et les rencontres réalisent l'unité du phénomène culturel et communicationnel.

Mais on ne pourrait pas généraliser cette unité dans l'ensemble des phénomènes culturels, car il reste que l'approche de Goffman est strictement circonscrite aux relations interpersonnelles. Les relations interculturelles sont infiniment plus larges : elles existent entre individus, groupes et nations.

20. Relations intergroupes : compétitions et stéréotypes négatifs

Le point de départ de la réflexion dans ce domaine réside dans les recherches de Muzafer Sherif (1971) sur les représentations réciproques dans les relations entre groupes. Ces recherches ont montré que la confrontation de deux groupes suffit, en dehors de tout autre facteur, à la production de stéréotypes négatifs : « Il est indiscutable, écrit-il, que les différences du milieu culturel et les différences physiques marquées entre les groupes encouragent les réactions discriminatoires envers les membres d'un *out group*. Il est indiscutable que de telles différences contribuent à l'hostilité et aux préjugés intergroupes. Cependant, cette étape du conflit intergroupe a démontré que ni les différences culturelles, ni les différences physiques, ni les différences économiques ne sont nécessaires au déclenchement d'un conflit intergroupes, à l'apparition d'attitudes hostiles et à la naissance d'images stéréotypées de l'autre groupe » (p.97). C'est la situation de confrontation qui est responsable de ces phénomènes et qui suffit, à elle seule, à les induire.

Pour amener alors deux groupes ayant de telles attitudes à des perceptions et des comportements plus positifs, l'intervenante ou l'intervenant social, s'appuyant sur les expériences de Sherif, saura, pour atteindre cet objectif, que les deux groupes doivent être amenés à *coopérer dans des tâ-*

ches communes, importantes pour l'un et l'autre; seule la *coopération intergroupe* finira par diminuer la distance sociale entre les groupes, par modifier les stéréotypes et les attitudes hostiles, réduisant les possibilités de conflits futurs entre les groupes.

Mais cette affirmation ne signifie pas qu'il suffit de mettre les gens ensemble et de leur proposer n'importe quelle activité commune, comme le sport, le chant, les activités de chantier de jeunesse, des pratiques de techniques professionnelles, etc., pour qu'aussitôt s'aplanissent les difficultés et les intercompréhensions; ce type d'activité peut, certes, faciliter un rapprochement, mais il reste insuffisant pour résoudre les différends entre deux groupes nationaux.

De même une idéologie humaniste et démocratique développée à l'intérieur d'un groupe n'est pas nécessairement transférée aux relations entre groupes et ne suffit donc pas au dépassement des stéréotypes négatifs. Même si, individuellement, les membres d'une collectivité ont une attitude de tolérance et d'ouverture à l'égard des étrangers, ils peuvent très bien réagir différemment en tant que groupe face à un autre groupe. Ainsi l'amitié et l'hostilité entre les groupes sont des *processus groupaux* et ne peuvent « être réduits à de simples variations des relations personnelles entre individus » (p.165).

De ce qui précède, l'on peut concevoir qu'avoir un *problème commun* est une condition principale de rapprochement des groupes et que c'est un facteur d'union plus universelle même qu'une culture commune. « La condition fondamentale à l'éveil d'un vaste sentiment de solidarité mettant fin aux déchirements et aux décisions résultant d'allégeances contradictoires, est la prise de conscience d'un problème commun et la décision de s'attaquer à ce problème » (p.185).

L'intervenante ou l'intervenant social saura donc qu'une interaction conflictuelle entraîne des jugements défavorables alors qu'une interaction coopérative suscite généralement des jugements favorables.

21. Se distancer de sa culture par la décentration

Être en mesure de reconnaître ses centrations constitue un premier pas vers la décentration; il ne s'agit pas d'un état achevé que l'on atteindrait au terme d'une formation, mais d'un processus qui évolue avec la prise de conscience et la pratique.

Si, dans le cadre de la formation anti-discriminatoire en intervention sociale, on opte pour la sensibilisation aux deux phénomènes de la centration et de la décentration, il faudra renoncer à l'accent prioritaire mis habituellement sur l'information. Il est vain de fournir des éléments de connaissance sur d'autres cultures si cette connaissance n'est pas elle-même soumise à un nouveau regard décentré. On ne se satisfera donc plus d'une simple information transitive présentée comme le reflet « objectif » de la réalité, mais on commencera par interroger le rapport entre la perception occidentale-nord-américaine et cette réalité autre. Cette démarche réflexive sur les mécanismes va contraindre l'intervenante et l'intervenant social à faire face à ce qu'il croit évident. Au lieu d'occuper de façon « naïve » son centre, il s'exercera à le mettre à distance sans pour autant l'abandonner—ce qui serait impossible. Les phénomènes valorisation/dévalorisation existeront toujours car ils ne peuvent être éliminés de façon volontariste mais plutôt doivent être amenés à la surface de la conscience.

La décentration ne conduit pas nécessairement à l'objectivité, mais elle y tend. Il n'est pas simple d'ébranler ses centrations qui fonctionnent efficacement comme éléments de structuration de l'identité individuelle et sociale, à travers une relativisation disciplinée, car elles fonctionnent efficacement comme éléments de structuration de l'identité individuelle et sociale. Ainsi, il est courant de se heurter au réflexe de défense type qui consiste à se plaindre pendant les sessions de formation de ce que « l'on fait trop de théorie et pas assez de pratique », que « l'on met trop l'accent sur les problèmes alors qu'il faudrait de l'information utile et positive ». De là, très rapidement, on assimile à « théorique » et à « abstrait » ce qui est effectivement problématique. En revanche, est considéré comme utile et pratique tout matériel informatif qui n'est pas anxiogène mais « factuel », apparemment objectif et neutre, peu propice à la polémique.

Le lien entre théorie et pratique n'est pas toujours aisé à faire accepter. Il est cependant nécessaire de mettre en lumière le lien dialectique entre le sociocentrisme culturel influençant la connaissance et les pratiques de la relation d'aide.

Un exemple pour aider à approfondir la réflexion : Jocelyne est un peu nerveuse. Elle doit recevoir Victorio, le père de Maria qui vient à leur garderie, pour lui parler du fonctionnement du conseil d'administration de la garderie ; elle craint qu'il ne parle pas suffisamment le français. Pourtant, elle sait qu'il est important pour leur garderie d'y intéresser des parents de diverses origines car leurs locaux reçoivent une clientèle composée à 60 pour cent de gens ayant des origines ethniques différentes. De plus Victorio lui a été recommandé par une interprète qui travaille souvent avec eux. Jocelyne reprend confiance : après tout, n'est-elle pas bien préparée, avec sa liste de membres, ses règlements et les objectifs de leur organisme. Il n'y aura sans doute pas de problème.

À l'arrivée de Victorio, dès les premières salutations échangées, Jocelyne commence à lui parler de l'importance du conseil d'administration composé de gens responsables, des fonctions de ses membres et des dates de réunions, et lui explique les procédures d'élection. Victorio se sent bousculé et peu enclin à écouter : les gens de la communauté salvadorienne ont beaucoup insisté pour qu'il se présente à ce poste mais il ne tient pas à entrer en contact avec des personnes aussi choquantes et si peu courtoises. Pendant qu'il cherche une excuse pour partir le plus vite possible, Jocelyne se rend compte du manque d'intérêt de Victorio et cherche un moyen pour l'intéresser au projet.

Qu'est-ce que Jocelyne devrait faire ? Vérifier si Victorio a bien compris ce qu'elle lui a expliqué ? Lui parler de la chance qu'a Maria (la fille de Victorio) d'avoir un père qui est membre du conseil d'administration ? Questionner Victorio sur les relations (les personnes) qu'ils ont en commun et prendre le temps d'établir un lien avant de parler du conseil d'administration ? Le faire parler des raisons le motivant à s'impliquer au conseil d'administration de la garderie ?

Le contexte montre que les réflexions de Victorio concernent le manque de courtoisie de Jocelyne et non pas ses difficultés de compréhension linguistique. Parler avec Victorio de sa fille Maria serait sans doute une bonne façon d'initier la conversation entre eux, mais parler de Maria en relation avec le conseil d'administration peut sembler une approche un peu froide pour certains.

Quant aux motivations de Victorio, cette question est souvent posée à toute nouvelle personne désirant s'impliquer dans un conseil d'administration. Elle peut être choquante cependant pour certains, car elle sous-entend aussi qu'on ne connaît pas ce nouveau membre et donc, qu'il appartient à une famille peu prestigieuse dont les membres ne sont peut-être pas honorables. Cependant, dans ce cas, cette question pourrait être positive et considérée comme une tentative de mieux connaître l'autre personne.

Mais cette explication ne pousse pas assez loin, elle nous laisse encore sur notre faim. Dans certaines cultures, le « personnalisme » n'est pas vu comme un manque de pudeur mais, au contraire, comme la confirmation qu'une certaine chaleur et de la sympathie s'établissent entre les personnes présentes, créant ainsi le pré-requis à la discussion des autres sujets. Il est important de construire cette relation de confiance ; celle-ci peut se traduire soit par une expression ou une manifestation intense des émotions qui sont non seulement acceptées, mais aussi attendues, soit par l'offre d'un présent (ce qui peut être interprété comme de la manipulation). Si Victorio considère Jocelyne comme choquante et peu courtoise, c'est qu'elle est davantage préoccupée par une certaine efficacité et un pragmatisme qui l'amène à « aller droit au but » ; quant à Jocelyne, elle peut être convaincue qu'il est important de ne pas faire perdre de temps à Victorio qui se donne la peine de se déplacer et de s'impliquer dans cet organisme.

22. Dualité et ambivalence du sociocentrisme

Le sociocentrisme est un phénomène à la fois double (cognitif et pratique) et ambivalent (identitaire et uniformisant). Double, il s'observe à deux niveaux qui s'interpénètrent constamment : celui de la connnnaissance et celui de la pratique. Ambivalent, car il existe deux types de sociocentrisme : le sociocentrisme qu'on appelle identitaire et celui qu'on qualifie d'uniformisant. Le premier fonde l'identité de l'intervenant et de l'intervenante (sexuelle, sociale, macro-culturelle, etc.); le second réduit et va jusqu'à détruire l'identité de l'autre.

Le sociocentrisme occidental ou nord-américain, dans son ambivalence et sa dualité, est le phénomène avec lequel l'intervenante et l'intervenant social devrait se familiariser afin de pouvoir prétendre à une expérience plus large et plus enrichissante que celle d'une simple fonctionnalité efficace dans le cadre de son intervention.

Cette personne, qu'elle provienne de la culture dominante ou de toute autre sous-culture minoritaire, est en droit d'attendre de la « formation » qu'elle la mette en garde contre son sociocentrisme déformant sur le plan cognitif puisque celui-ci débouche, en pratique, sur un sociocentrisme uniformisant. Les valorisations positives et négatives du sociocentrisme cognitif sont de nature affective et, la plupart du temps, non conscientes. Ce sont elles qui induisent une perception déformée.

Une collègue travailleuse sociale, dans un atelier sur l'intervention en contexte interculturel, lors d'un colloque tenu à Montréal sur le même thème, posait la question : « Pourquoi ne sont-ils donc pas tous Canadiens ? On n'aurait pas de problèmes ! ». Il s'agissait des immigrants et immigrantes. Une sensibilisation devrait permettre de toucher du doigt ce caractère affectif (non rationnel) et amener à la conscience cette perception « automatique » et non consciente.

Voici un exemple pour illlustrer. La projection est une manifestation typique du sociocentrisme cognitif. Ayant valorisé un aspect de la société occidentale-nord-américaine, on le projette ailleurs en émettant l'hypothèse qu'il devrait y exister.

La valeur accordée au travail en Amérique du Nord, comme en Occident en général, est considérée comme étant la norme souhaitable dont les spécialistes sont les garants. Ce sens du travail découle de la conscience que l'on a acquise en société que le travail est un devoir quasi sacré, que sans travail (emploi), l'individu n'est « rien » aux yeux de la société sinon un problème (le chômage); que c'est par le travail que l'on s'épanouit dans la vie et que l'on trouve son identité, que le travail doit être efficace et salarié pour être pris au sérieux, etc. En d'autres termes, il s'agit de l'argent que rapporte le travail, l'argent qui donne le pouvoir de faire ce que l'on veut. On oublie ou on ignore que le travail n'est pas toujours salarié, mais qu'en ce cas il n'est pas moins épanouissant : qu'on pense à tant de mères de familles dans le monde qui sont fières d'avoir élevé leurs enfants, sans salaire pour ce travail.

Avant la colonisation européenne, beaucoup de pays ne connaissaient pas le salariat, les gens travaillaient sans salaire et s'épanouissaient autrement, comme par la création d'œuvres d'art, par exemple la sculpture des masques de bois.

Garante de cette valeur-travail et pas toujours consciente de ses biais, la personne responsable de l'intervention va exporter ses normes et ses valeurs. L'efficacité est ici ce qui prime. Cependant, comme le dit R. Pannikar cité par Perrot (1982) : « Il n'y a pas de valeurs qui soient transcendantes à la pluralité des cultures pour la simple raison qu'une valeur n'existe comme telle que dans un contexte culturel donné » (p. 39). Comment se produit cette projection concrètement ? Il y a d'abord valorisation du travail à l'occidentale puis, en conséquence logique, dévalorisation de telle ou telle société qui « n'a pas le même sens du travail ». L'intervenante et l'intervenant social sociocentré constatera qu'il manque à son client ce sens, défini comme le sens du travail; c'est donc un vide, une absence, une carence que l'intervention est appelée à combler.

Ces valorisations/dévalorisations peuvent déboucher sur une perception déformée parce qu'en projetant la valeur travail occidentale, on ne voit pas—on ignore—le type spécifique de conception du travail existant dans la société du bénéficiaire à aider : de ce fait, on ignore ou on dénie les réalités culturelles du bénéficiaire. Enfin, il y a perception d'autres éléments que le manque du sens du travail a rendus visibles : la « perte » de temps en relations sociales par exemple, la « paresse », le « manque » de responsabilité, etc.

23. Tentation de vouloir transformer l'autre

Ces trois phases : projection et découverte d'un manque, scotomisation et ignorance de la réalité autre, valorisation et dénigrement des traits culturels spécifiques choisis par la perception déformée, aboutissent à la conclusion selon laquelle il convient de changer l'autre pour le rendre à son image. Cela équivaut, par exemple, à essayer de le « développer ». On voudrait qu'il acquière un rapport d'anticipation et de prévision de l'avenir, qu'il accorde le crédit dû à la démarche scientifique, qu'il renonce à son attachement au sacré, qu'il abandonne ses croyances traditionnelles (obstacles au progrès), qu'il respecte les impératifs de la production, eux-mêmes soumis à une certaine conception du travail, tributaire à son tour d'un temps chronométré, découpé et linéaire. Faisant l'étude de l'utilisation de l'espace par les êtres animés dans leurs relations, et des significations qui s'en dégagent, Hall (1971) relève un trait propre à la culture japonaise concernant l'orientation dans l'espace : « Les Japonais, écrit-il, donnent des noms aux intersections plutôt qu'aux rues qui s'y croisent. En fait, chaque coin d'un carrefour possède son identité ». Pour pallier ce trait de l'espace japonais, « les forces d'occupation américaines, poursuit l'auteur, donnèrent des noms à quelques grandes artères de la ville et posèrent des plaques écrites en anglais (avenue A, B, C,...). Les Japonais attendirent poliment la fin de l'occupation pour retirer les plaques. Ils se retrouvaient pourtant déjà pris aux pièges d'une innovation culturelle étrangère » (184).

Ainsi à travers l'exemple d'une manifestation de la perception déformée, à savoir la projection, on est amené à voir comment le manque dont on a parlé détermine une pratique d'uniformisation. Une sensibilisation adéquate devrait permettre de saisir le mécanisme commun à toutes les centrations (valorisations positives et négatives) et leur conséquence sur le plan de la connaissance, dans un premier temps, puis sur celui de la pratique, dans un deuxième temps. Car au sociocentrisme cognitif déformant correspond le sociocentrisme pratique uniformisant de la culture ou sous-culture dominante.

Cela peut s'illustrer par deux petits exemples : Rosario, 11 ans, et sa sœur Julia, 8 ans, sont arrivés au Canada avec leurs parents depuis seulement deux ans. Leur papa les a accompagnés à l'autobus scolaire qui les conduira à l'extérieur de la ville pour une journée sportive. En les quittant, papa a demandé à Rosario de bien veiller sur sa petite sœur Julia et de s'assurer que rien ne lui arrive. Dès qu'ils sont seuls, Rosario ne quitte pas sa sœur des yeux. Aussi est-il désemparé lorsqu'on amène Julia dans un autre groupe. Plus tard, dans la journée, pendant que tous sont occupés par leur jeu respectif, il va vérifier le local où se tient sa sœur avec d'autres enfants. Un peu rassuré, il retourne auprès de son groupe.

Lorsque l'heure du lunch arrive, Julia va vite chercher son sac et celui de Rosario; elle sort les sandwichs de Rosario sur la table, les place devant lui et commence à manger avec lui. Après le repas, Rosario fait signe à sa sœur de lui donner sa part de dessert, ce qu'elle fait avec gentillesse.

Le lendemain, l'éducatrice qui avait remarqué l'empressement de Julia à servir son frère pendant le lunch de la veille, insiste pour manger avec eux à l'heure du dîner, à l'école cette fois-ci. Elle veut vérifier si le même scénario se reproduit, c'est-à-dire si Julia va au devant de son frère pour le servir. Oui, la même chose se reproduit. Alors, l'éducatrice décide d'intervenir en interrogeant Rosario : « Rosario, pourquoi ne te sers-tu pas toi-même ? Ta sœur n'est pas à ton service ». Rosario étonné, ne sait que lui répondre : « Julia, poursuit l'éducatrice, Rosario est assez grand pour se servir lui-même. Est-ce qu'il te sert ton lunch à toi ? Il ne faut pas que Rosario profite de toi parce que tu es gentille pour lui. »

Ceci montre clairement que l'éducatrice n'a rien compris. Elle n'a pas perçu que Rosario avait lui aussi son rôle à jouer (celui de protéger sa sœur). Beaucoup d'intervenants ont tendance à considérer que les sociétés où des hommes et des femmes sont différents et complémentaires sont sexistes, confondant trop rapidement les notions d'équité et d'égalité. Il est vrai que la femme est dévalorisée dans plusieurs sociétés; pourtant, une différence de rôle ne signifie pas nécessairement une dévalorisation; dans certaines cultures, les mamans commencent à initier leur fille dès leur jeune âge à faire la cuisine, le lavage, le repassage, surtout des pantalons d'hommes qui demandent une attention très spéciale par rapport à ceux des femmes; tout cela, dans le but de préparer leur fille à son rôle de future épouse et mère.

L'intervenante a-t-elle tenu compte des droits et des valeurs dans la culture de l'autre qui peuvent être différentes des siens ? N'a-t-elle pas cherché à inculquer à la petite Julia ses propres valeurs à elle ? N'a-t-elle pas essayé de trouver une faille dans la façon de faire de Julia et de Rosario ? Tout cela, à cause de sa méconnaissance d'autres cultures et traditions des collectivités immigrantes.

Voici un autre exemple qui illustre le sociocentrisme cognitif déformant auquel correspond le sociocentrisme pratique uniformisant de la culture dominante. Anna, 28 ans, femme immigrante parrainée par son mari, est arrivée au

Canada il y a deux ans. Durant la première année de séjour, tout va bien avec son mari. Après cela, les problèmes commencent. Anna se confie à sa meilleure amie et lui dit sa peine et sa déception. Son amie constate alors que les problèmes naissent d'un manque de communication et lui propose de l'emmener voir un de ses professeurs qui est très gentil et très ouvert.

Au début, Anna refuse. Son amie insiste et Anna finit par accepter et prend un rendez-vous avec le professionnel. Durant la rencontre, elle explique de son mieux ce qu'elle vit. Pendant toute l'entrevue, l'intervenant observe le comportement de sa cliente et tente par tous les moyens de capter le regard de la cliente afin de voir dans les yeux de cette dernière l'expression de ses sentiments et de ses émotions. Mais ses efforts demeurent vains. Le professionnel confie alors à l'amie de la cliente son incapacité à aider Anna qui ne coopère pas et qui, de plus, semble cacher ce qui se passe parce que son regard est fuyant, ce qui est manifestement un signe de fermeture de la part de la cliente. Le professionnel termine donc l'entrevue en assurant Anna qu'il pourrait l'aider mieux si elle voulait bien le regarder dans les yeux. L'intervenant a manifestement manqué une information importante sur la culture du pays d'origine d'Anna. Non seulement il ne s'est aucunement distancé de son sociocentrisme cognitif déformant, mais il a tout simplement ramené sa cliente au niveau de sa propre culture.

Dans la culture d'Anna, jamais l'inférieur quant à l'âge ou au statut social ou professionnel ne regarde un supérieur dans les yeux. Anna ne voulait pas passer pour une insolente. Devant beaucoup de respect à l'intervenant comme à toute personne aînée ou supérieure à elle, Anna ne pouvait pas regarder l'intervenant dans les yeux. Le professionnel a tout simplement projeté les traits de sa propre culture sur sa cliente à cause du manque de connaissance de la culture de cette dernière.

Ce sociocentrisme est un danger pour toute personne en intervention, qu'elle provienne de la culture dominante ou dominée. Elle évitera ce danger en se questionnant au départ afin de prendre conscience des bases culturelles du style de vie de la société d'origine de la personne à aider.

Dans le cas spécifique de la projection développée ici, ce faux savoir envisageant la différence comme une déficience débouche sur des pratiques non appropriées d'intervention ou de développement. Si la différence est considérée comme un manque, une erreur ou un obstacle, la pratique cherchera en effet à combler ce manque, à supprimer l'erreur ou à renverser l'obstacle. Pour développer un individu ou un groupe où dominent des valeurs telles que l'équilibre nature/personne, une autosubsistance relative, la richesse des relations sociales, la dépense improductive, il faudra introduire la parcellisation des activités par le travail salarié, introduire les notions de profit et d'individualisme, susciter l'admiration face à des techniques dominant la nature et rationalisant son exploitation, bref, désorganiser préalablement le client ou la cliente ou la société à développer.

On pressent donc que cette sensibilisation sera autre chose que l'installation auto-satisfaite de l'intervenante ou l'intervenant social dans son intervention, mais bien la compréhension des déterminants cognitifs de sa pratique.

Personne ne saurait prétendre à la décentration complète, mais chacun peut tendre vers une décentration relative. Les valorisations centrant la perception se produiront toujours mais seront aussi conscientes que possible et, de ce fait, susceptibles d'être diminuées ou, du moins, un tant soit peu tenues sous contrôle.

Pour une lecture d'inspiration culturelle, l'intervenante ou l'intervenant social devra se poser le problème des bases culturelles du style de vie qui caractérise les gens auprès desquels il intervient. Ces bases culturelles peuvent être à l'origine des problèmes qu'ils présentent. C'est pourquoi, comme dit Goldmann (1967), « l'une des tâches les plus importantes pour tout chercheur sérieux semble résider dans l'effort pour connaître et faire connaître ses valorisations en les indiquant explicitement, l'effort qui l'aidera à atteindre le maximum d'objectivité subjectivement accessible au moment où il écrit ».

Cette tâche est importante en relation d'aide, non pas pour atteindre en priorité cette objectivité, mais bien parce que les personnes sont engagées dans une opération de changement, de développement, c'est-à-dire une ingérence dans les affaires « intérieures » culturelles de la clientèle, d'un groupe donné et que, de ce fait, elles se doivent d'avoir un minimum de recul par rapport au sens de leurs actions. Faute de cela, elles peuvent se prévaloir non pas d'un titre professionnel mais bien de celui de « croisé » fonçant au plus proche de son efficacité sociale, croisé technocrate et missionnaire, l'imposition et la non-conscience étant les maîtres-mots de sa pratique. Toute défense de la différence face à l'uniformisation doit donc se garder de deux pièges :

1) conférer à la différence, à la spécificité, un contenu fixe, la ranger dans un catalogue de « traits culturels ». Le danger ici est d'adopter une attitude passéiste, nostalgique d'une époque révolue que l'on souhaite immuable et conforme à des regrets;

2) décréter du dehors ce que devrait être l'identité différentielle d'une société, par exemple l'État imposant à tous et à toutes sa conception d'une identité nationale unique, ou le mouvement révolutionnaire déclinant une identité normative selon les impératifs d'une classe.

24. Nécessité du sociocentrisme identitaire

Cependant, il reste à observer qu'on ne saurait se décentrer sans connaître son propre centre et sans adhérer à ses valeurs. Encore une fois, l'accent est à mettre sur l'illumination des zones non conscientes et non sur un questionnement de ses valeurs propres. Ainsi la pratique du service social dans la communauté minoritaire, tout en maintenant les valeurs fondamentales de la culture canadienne ou nord-américaine de démocratie, de liberté de l'importance de l'individu et de ses droits, doit sauvegarder et s'appuyer sur la mentalité, les coutumes propres aux Canadiens français et aux Canadiens anglais par rapport à la façon de vivre des autres cultures. Plus encore, cette pratique devra tenir compte des populations allogènes francophones et anglophones vivant en son sein.

La tâche d'éducation à l'intégration de l'adolescent des parents francophones/anglophones allogènes au Canada peut être un exemple éclairant. Cette tâche est particulièrement difficile, puisque le jeune veut se bâtir une identité à partir des deux cultures dont il est issu. Plus vulnérable que les parents, il n'a pas de personnalité constituée sur laquelle s'appuyer.

Il est en proie à la fois à l'angoisse existentielle de l'adolescence et à l'angoisse culturelle. Il éprouve le besoin d'appartenance, mais il n'appartient à aucune des deux cultures. Il veut s'affirmer face aux parents, mais il risque, en refusant sa culture d'origine pour adopter sans réserve celle de la société d'accueil, l'amputation d'une partie de lui-même. Attiré par la nouvelle société, il subit aussi le rejet de la part de celle-ci; le jeune devient particulièrement insécure car il n'est pas sûr de la place que la nouvelle société est prête à lui reconnaître et des perspectives d'avenir qu'elle peut lui offrir. Il nage dans l'ambiguïté. S'il est rejeté de l'intérieur et de l'extérieur, il court le danger de ne pas s'accepter lui-même.

Ce que vit le jeune francophone/anglophone allogène du Canada peut être vécu, à des degrés divers, par un jeune Canadien français ou anglais. Et comment intervenir dans une famille francophone/anglophone allogène dans un Canada si fortement multiculturel ?

Il faudrait d'abord reconnaître qu'il existe un manque d'outils de base en intervention sociale. Il manque une pensée familiale et une théorisation poussée du rôle social et politique de la famille. Dans la société d'accueil, l'accent ayant été le plus souvent mis sur les individus dans la famille plutôt que sur la famille en tant que tout ou que mini-société, il est facile de comprendre les difficultés particulières que connaissent les familles allogènes pour qui les individus s'épanouissent par et dans la famille.

De plus, les normes culturelles de la société dominante sont souvent en conflit avec celles des parents de la culture minoritaire. Être parent dans un groupe social minoritaire est particulièrement difficile. Les familles francophones/anglophones allogènes s'intègrent dans un milieu minoritaire, franco-ontarien, par exemple, lequel est aussi aux prises avec les mêmes problèmes d'éducation dont il a été question précédemment, car il est appelé à s'intégrer dans une culture majoritaire. Les familles de groupes raciaux et ethniques minoritaires, affirment Davis et Proctor (1989), sont confrontent à la difficile tâche d'élever leurs enfants dans la culture majoritaire. Donc, la famille francophone/ anglophone allogène vit une double minorisation : par rapport à la société franco-ontarienne, et par rapport à la société anglophone.

Souvent, il y a une méconnaissance de ce conflit de la part des professionnels et professionnelles de la société dominante ou de la sous-culture dominante. Leurs suggestions peuvent alors ne pas refléter les objectifs des parents pour le développement de leur enfant. L'aide première serait la reconnaissance de ce conflit par les professionnels et professionnelles. Les parents se sentiraient pour le moins déculpabilisés et trouveraient des alliés pour inventer des solutions aux problèmes d'éducation de l'enfant.

L'aide idéale serait de développer une théorie du rôle social et politique de la famille qui soit un terrain commun pour les études des difficultés éducatives de toute famille dans notre société. Cette théorie pourrait tendre à sensibiliser tous les parents à la dimension sociale des valeurs à inculquer à l'enfant, telles que le droit de l'autre d'être respecté en tout domaine, la mise en commun des ressources intellectuelles et autres, pour une réussite en commun, plutôt que la compétition, etc.

Se basant sur une telle théorie, les personnes issues de la culture ou de la sous-culture dominante verraient plus facilement ce qui dérange dans le comportement et l'attitude du jeune de parents allogènes. La nouvelle théorie de la famille devrait minimiser le plus possible la fragmentation des champs d'intervention tant auprès des jeunes qu'auprès des familles, afin que parents, éducateurs et autres intervenantes et intervenants puissent échanger et vaquer en concertation à la tâche éducative des jeunes de notre société.

L'intervention sociale en Amérique du Nord devrait connaître les valeurs soutenues par la culture canadienne, nord-américaine ou occidentale, mais également reconnaître les valeurs qui fondent l'identité (de classe, nationale, professionnelle, etc.) car il existe un sociocentrisme identitaire qu'il ne faudrait pas briser sous peine de produire des individus sans ancrage, sans racines, dépourvus de toute attache. En outre, la décentration ne doit pas se contenter d'opérer à l'égard des sociétés autres, mais aussi à l'égard de la culture dominante qui, en son sein, supprime les différences radicales pour n'opérer que des distinctions entre individus atomisés. Il est crucial de savoir d'où l'on vient, culturellement parlant, c'est-à-dire qu'on sache repérer le contenu de notre sociocentrisme déformant et uniformisant tout en maintenant notre sociocentrisme identitaire.

En prenant conscience de nos valeurs face à l'emprise uniformisante du développement occidental-nord-américain, nous serions peut-être plus sensibles aux menaces qui pèsent sur les cultures à développer selon le mode occidental nord-américain.

L'équilibre à atteindre est délicat et en réalité, les jeux ne sont jamais faits, puisque la décentration est un processus et le sentiment de son identité est à construire chaque jour. Cette entreprise est une prise en charge par l'histoire du groupe et cadre mal avec le temps restreint dévolu à la sensibilisation.

Illustrons ceci par un exemple de cas pratique. Un homme d'origine haïtienne, âgé de 32 ans, se rend au bureau des services sociaux où il a été référé par une amie. Il a de graves problèmes avec ses enfants nés de trois mères différentes. Sa femme est décédée et il souhaite faire venir d'Haïti la mère de l'un d'entre eux, mais les enfants ne s'entendent pas sur le choix fait par leur père. Claude est l'intervenant chargé de son cas.

Le client arrive, visiblement peu confiant dans les résultats de cette rencontre. Il finit par parler des nombreuses querelles qui surviennent chaque jour à la maison, du besoin qu'il a d'obtenir de l'aide pour calmer ses enfants et il s'informe des moyens qu'il devrait utiliser pour leur faire accepter la femme qu'il désire faire venir. Il demande s'il peut avoir des conseils à ce sujet.

Claude, qui a été formé à une approche non directive, se sent mal à l'aise et irrité par la demande concrète de son client. Claude pense que le comportement de son client indique qu'il préfère éviter les responsabilités, est incapable d'initiative et peu en mesure de prendre ses propres décisions. Se concentrant sur les émotions ressenties par son client, le conseiller paraphrase et reformule adroitement les pensées et émotions de celui-ci. Au fur et à mesure que l'heure avance, la tension augmente et devient évidente. Finalement, Claude décide de verbaliser sur la tension et l'agressivité qu'il sent monter entre eux. À ce moment, le client rétorque, mécontent, « oubliez ça ! Je n'ai plus de temps pour jouer à vos histoires ». Il se lève promptement et quitte le bureau.

Qu'est-ce qui pourrait expliquer les difficultés survenues entre le conseiller et le client ? D'une part, le conseiller considère que son client entretient des relations « louches » avec les mères de ses enfants et manifeste son étonnement à son client, ce qui irrite celui-ci. D'autre part, le client considère qu'il s'agit d'un sujet trop privé pour en parler avec un inconnu.

Devant ce choix difficile, il faut se rappeler que certaines approches utilisées en service social font davantage appel à des modes de pensée reliés à l'inductif/déductif ou à l'abstrait alors que, dans certaines cultures, le mode de pensée est relié à une forme plus spécifique et plus concrète d'envisager le monde : c'est pourquoi certains clients risquent de « décrocher » et de perdre confiance lorsque les intervenants désirent les entraîner dans un processus qui, pour eux, paraît flou. En éducation, les enseignants prennent de plus en plus conscience de ces mêmes difficultés. Il ne s'agit donc pas d'une trop faible scolarité ou d'un manque d'intelligence, mais d'une autre façon d'appréhender la réalité autour de soi. Dans de telles circonstances, des actions concrètes et immédiates sont des moyens plus appropriés, à court terme, pour apporter un support au client même si cela semble, au premier abord, entrer en contradiction avec le principe d'aider l'autre à s'aider lui-même.

Cette situation peut aussi sembler curieuse à l'intervenant; les relations hommes/femmes ne se passent pas nécessairement de la même façon d'une culture à l'autre ou d'une classe sociale à l'autre. Il peut arriver qu'une ou deux mères confient leur enfant à la femme « officielle » lorsque celle-ci se prépare à rejoindre son homme au Canada. Souvent, elles lui confieront leur enfant dans le but que celui-ci la fasse venir plus tard au Canada; cela n'est pas possible, compte tenu de l'obligation, au Canada, que les enfants soient adoptés officiellement par les parents; ils ne peuvent donc plus prétendre faire venir une autre mère.

Ceci montre que les jeux ne sont pas faits. Il ne faut pas forcer des solutions à partir d'une culture ou sous-culture, fût-elle dominante. Cependant, je suggère que les enjeux de ce paradoxe : centration constitutive de l'identité et décentration nécessaire à la connaissance de l'expert-intervenant social, doivent être mis à jour si l'on veut que la formation ait une quelconque pertinence relativement à la relation interculturelle. Il est clair que tant que les interventions issues de la conception dominante du développement témoignent de l'impossibilité de l'Occident et de l'Amérique du Nord de s'inclure dans une relation qui ne soit pas simple occasion de réduire l'autre à soi-même, la formation telle que nous l'avons esquissée jusqu'ici ne facilitera pas l'intervention sociale. Je gage cependant qu'elle posera des défis autrement plus subtils et plus intéressants que les exigences de la simple efficacité fonctionnelle.

À la limite, la décentration peut susciter une révolution dans le sens d'un renversement. L'intervenante ou l'intervenant social pourra se retrouver au service de sa société afin que les personnes d'autres cultures aient une chance de poursuivre ce qui n'aura probablement pas pour nom intervention sociale.

25. Stratégies identitaires dans les sociétés pluri-ethniques

Dans le domaine de l'immigration, les phénomènes identitaires constituent un aspect important permettant de comprendre les processus d'intégration et les relations entre les groupes ethniques en présence.

La production de minorités sociales—nationales, ethniques, religieuses, économiques, basées sur le sexe ou les relations sexuelles, sur l'âge ou autre catégorie sociale—se situe majoritairement dans les rapports sociaux de domination.

Les stratégies identitaires qui s'expriment dans une situation de ce type sont marquées par ces rapports inégalitaires qui diminuent les capacités d'action des acteurs dominés sur la définition de leur propre identité.

Toute identité minoritaire, qu'elle soit fondée sur un critère de territoire, de langue, de religion, de race ou de lignage ou, comme il apparaît dans un grand nombre d'exemples apportés par la pratique sociale du champ de l'immigration, sur le critère de l'appartenance telle qu'elle est perçue ou fantasmée par l'autre, est en grande partie assignée par le groupe majoritaire, dont le regard, d'une certaine manière, constitue le groupe minoritaire.

Ainsi, l'attitude du groupe dominant, la manière dont il assigne les frontières (juridiques, territoriales, symboliques) qui séparent son propre groupe des autres, frontières qui garantissent sa préservation et son hégémonie, définit également le territoire (juridique, politique, symbolique) des groupes minoritaires et les contours de l'identité ethnique qui leur est attribuée. Les réponses stratégiques identitaires ne tardent pas à venir : devant la mise en demeure qui consiste à leur assigner une identité sociale ou ethnique (par le racisme, la discrimination ou toute autre pratique sociale, même animée de bons sentiments comme le paternalisme ou le militantisme antiraciste, dès lors que l'on traite les individus comme un groupe social constitué), les minorités adoptent des conduites diversifiées d'acceptation, de rejet ou de négociation de l'identité qui leur a été assignée. L'exemple d'un cas pratique pourra soutenir une réflexion approfondie sur certaines attitudes des groupes dominants : Kananine, une mère montagnaise, apporta un jour son fils de cinq ans, brûlant de fièvre, au dispensaire local. L'infirmière en charge prit l'enfant, le lava et le coucha dans un lit du dispensaire. Elle voulut alors interroger la mère sur la maladie de l'enfant, mais se rendit compte qu'elle avait disparu. Deux jours plus tard, Kananine revint avec deux autres enfants turbulents, visita son fils quelques minutes et repartit.

Plus tard, le même jour, elle revint et dit à l'infirmière qu'elle partait pour le bois et qu'elle ne serait pas de retour avant quelques jours. L'infirmière essaya de la persuader de rester, lui disant que son fils était très jeune et avait besoin d'elle. Kananine répondit de nouveau qu'elle devait partir. L'infirmière se fâcha et lui dit qu'elle « n'avait pas de cœur » et qu'elle n'était pas une bonne mère.

Quelle attitude auriez-vous si vous étiez le chef de la communauté et que l'infirmière venait vous parler de Kananine ? Des réponses faciles sont prêtes à fuser de beaucoup de bouches, telles que celles-ci : « Plusieurs personnes, peu familières avec le fonctionnement d'un hôpital, peuvent en avoir peur. Cette crainte peut aussi affecter le comportement de Kanannine »; ou encore : « Cette vision relève du stéréotype et rejette l'idée que cette manière de faire puisse être considérée comme tout à fait appropriée dans ces circonstances. En outre, si elle n'était pas sensible au bien-être de son enfant, elle n'aurait sans doute pas conduit celui-ci au dispensaire. »

Dans certaines sociétés, une grande attention est accordée aux jeunes enfants et une grande indulgence est attribuée à leurs comportements. Cependant, dès qu'ils sont en mesure de parler et de marcher, les enfants sont davantage confiés aux pairs et aux autres membres de la famille ou du groupe. Cette attitude, qui peut sembler traumatisante à d'autres, favorise le développement de son indépendance et de sa débrouillardise, habiletés importantes dans des milieux où les ressources sont imprévisibles. Cela permet également à la mère de se consacrer davantage à la préparation de la nourriture ou à d'autres tâches. La mère est donc habituée à confier ses enfants à la responsabilité d'autres personnes, ce qui constitue pour elle une répartition appropriée des tâches, surtout si elle sent qu'elle ne peut pas faire grand'chose au niveau des soins particuliers nécessités par une maladie. Ce qui semble un abandon pour l'infirmière est considéré comme un comportement adéquat pour la mère.

Il est important de ne pas considérer la façon de prendre soin des enfants comme étant une norme universelle. L'expression spontanée de la douleur pour la moindre éraflure peut être favorisée chez certains alors que d'autres encourageront le stoïcisme comme la façon la plus adéquate de faire face à la douleur. Certains enfants seront « couvés » pendant de longues années, d'autres apprendront dès l'âge de deux ans à manier le couteau pour découper leur viande. Il est important, avant de porter des jugements, de connaître mieux l'ensemble du contexte familial et culturel dans lequel évolue l'enfant.

26. L'enclave ethnique - Réflexions théoriques

Le processus d'adaptation de divers groupes d'immigrants apparaît essentiellement linéaire. Au départ, chaque groupe est victime de diverses formes de discriminations et connaît une situation économique difficile. Peu à peu, sa connaissance accrue de la culture d'accueil et l'accueil plus favorable qui lui est réservé permettent une certaine mobilité socio-économique ascendante (M. M. Gordon, 1964). Trois éléments caractérisent l'approche favorable à l'assimilation : la notion d'une culture de base, l'accent mis sur le consensus et le processus linéaire d'assimilation. De ce point de vue, l'absence de mobilité sociale vécue par un individu ou un groupe ethnique s'explique soit par sa réticence à se défaire des valeurs traditionnelles ou encore par la réaction négative du pays d'accueil face à certaines caractéristiques raciales, religieuses ou autres.

Une adaptation réussie exige que les immigrants aient la volonté d'abandonner celles de leurs traditions dites « attardées » afin d'acquérir des traits qui les rendent plus acceptables à la société d'accueil (S.N. Eisenstadt, 1970). L'accent est mis sur le processus psychosocial de motivation, d'apprentissage et d'interaction ainsi que sur leurs valeurs culturelles, les perceptions des immigrants et ceux qui les entourent.

La deuxième perspective générale sur l'intégration des immigrants remet en question à la fois cette vision psychosociale et culturaliste du processus et le postulat d'une voie unique vers l'assimilation. À l'intérieur de cette perspective générale, il y a plusieurs approches sectorielles : la situation des soi-disant « minorités irréductibles », les Noirs, les Amérindiens. Selon cette approche, le sort réservé à ces groupes est intimement lié à l'histoire du colonialisme interne alors qu'ils ont été regroupés dans des régions spécifiques et forcés de travailler dans des conditions extrêmement difficiles. Une deuxième approche sectorielle s'intéresse à la persistance d'identités ethniques au niveau du vote (politique) et de l'action politique en général. Ici l'identité prend racine dans la volonté de combattre une « division culturelle du travail ». Cette division du travail condamne certaines minorités à des conditions quasi permanentes d'exploitation et d'infériorité sociale. Enfin, une troisième variation de cette perspective générale s'intéresse surtout à la situation des nouveaux immigrants. Les nouveaux immigrants s'insèrent dans les secteurs les plus dominés de l'économie, caractérisés par la présence massive des femmes et d'autres groupes minoritaires.

Dans ce contexte, les nouveaux immigrants sont préférés par les employeurs aux dépens des autres groupes puisque leur manque de connaissance sur le pays, leur vulnérabilité sur le plan légal et leur plus grande motivation au travail se traduisent par des gains en productivité et une réduction des coûts de main-d'œuvre pour les entreprises (Sassen-Koob, 1980).

Les emplois dans les secteurs dominés de l'économie exigent peu de formation préalable, sont peu rémunérés et offrent peu de possibilités d'avancement. Dès lors, restreindre ainsi l'accès des immigrants à ce secteur du marché du travail, c'est s'assurer que ceux qui ne retournent pas dans leur pays d'origine sont des victimes de l'exploitation et de la discrimination (M. J. Piore, 1975 et 1979).

27. Fonctions idéologiques de l'image nationale

Revenons un peu à l'exclamation de la collègue travailleuse sociale que j'ai rappelée plus tôt, opposant la nation canadienne aux autres nationalités (sans nom). « Que ne sont-ils donc pas tous Canadiens ? On n'aurait pas de problèmes ! » Si l'opposition entre l'âme canadienne (pour autant qu'on puisse parler d'âme canadienne dans ce cas) et celle des « autres », ou entre l'identité canadienne et celle des « autres », s'inscrit dans un processus psychologique où l'identité se précipite dans une forme par le jeu de mécanismes d'introjection et de projection, elle assume aussi une fonction sociale.

Les tensions sociales niées par la théorie de la fusion harmonieuse des races sont projetées dans les antagonismes nationaux. Le code racial sert dans un même mouvement à signifier et à occulter les différences de classes; il réintroduit métaphoriquement les clivages et les hiérarchies que rejette l'idéologie égalitaire et démocratique de la bourgeoisie; les différences ne sont plus le fait du déterminisme économique et social; elles sont anthropologisées, transformées en fait de nature. C'est là où la représentation des origines fournit une des clés permettant de saisir l'origine de la représentation.

La généalogie du caractère national promeut comme acte de naissance un schème génératif (Canadiens/immigrants) où le code racial permet d'exprimer à l'intérieur du corps social l'unité dans la diversité, alors qu'il fixe, à l'extérieur, l'antagonisme Canadien/immigrants dans la fatalité d'un conflit anthropologique et la destinée d'une antinomie caractérielle.

L'image de l'âme canadienne n'est pas seulement la représentation qu'une communauté nationale se donne de son identité. C'est aussi le produit d'une catégorie sociale déterminée—l'élite intellectuelle reconnue, plus ou moins intégrée aux « appareils idéologiques d'État » qui exprime à travers elle à la fois sa position fonctionnelle dans la société (le rôle prééminent attribué à l'intelligence) et la relation de la classe à laquelle elle se réfère (la bourgeoisie) aux autres groupes sociaux. On peut souligner la propension d'un groupe dominant à conférer aux traits par lesquels il figure sa personnalité idéale une portée universelle en les donnant pour les caractères mêmes de l'âme nationale.

Ce groupe secrète un système de valeurs, un ensemble de normes et une typologie de rôles qui, à mesure qu'ils sont intériorisés par les individus, sont perçus comme traits de caractère. Dans l'oubli de leurs conditions d'émergence et de leur lieu social d'origine, ils sont rattachés à une psychologie de la nature humaine.

On se meut dans la dimension idéologique de la représentation. J.-R. Ladmiral, (1989) la définit comme la combinaison de deux systèmes : le libéralisme et le nationalisme. Ces deux ensembles idéologiques, qui s'attirent sans s'identifier et dont l'alliage n'est pas exempt de tensions, rendent compte de la plupart des thèmes constitutifs de l'image mais aussi, pour une part, de sa structure et de sa forme. Car une telle représentation a justement pour fonction de remplacer des contradictions réelles de nature économique, sociale ou historique, par des contradictions formelles entre traits psychologiques qui, en même temps qu'elles sont posées comme diversité du caractère national, sont dissoutes dans l'unité indivisible qui est celle de l'âme canadienne. Elle réconcilie dans l'imaginaire les forces qui s'affrontent dans la vie politique et sociale de la nation. La droite et la gauche, la réaction et la révolution deviennent les traits complémentaires d'une mentalité collective; leurs oppositions n'ont plus pour espace la scène historique mais l'intériorité du tempérament de chaque Canadien français et de chaque Canadien anglais.

Discours anesthésiant ? destiné aux classes moyennes et populaires pour assurer, par l'exaltation de l'identité nationale, leur soutien à la politique des groupes dirigeants ? Mais c'est peut-être avant tout un discours qui interpelle, car ceux qui le prononcent en sont probablement aussi les principaux destinataires. Ne cherchent-ils pas d'abord, par l'affirmation obstinée des valeurs qui ont fondé leur pouvoir, à se rassurer sur sa pérennité et, par la communion à l'unisson que permet une représentation partagée, à se masquer les conflits sociaux ? Illustrons ceci par quelques exemples tirés du champs de la pratique.

Francine, responsable de la garderie « Les jeunôts », travaille à l'administration de l'organisme lorsqu'on frappe à la porte de son bureau. Elle ouvre et reconnaît Sergio, le père de Maria, qui est accompagné d'un interprète. Elle les salue cordialement tout en les priant de s'asseoir mais ne reçoit qu'un « bonjour » très réservé.

Aussitôt le dialogue s'engage, Sergio expliquant en espagnol, avec une émotion à peine contenue, son mécontentement sur un sujet que Francine ne comprend pas encore. Grâce à l'interprète, elle finit par comprendre que Sergio s'offusque que sa fille Maria se déshabille nue devant les autres garçons et qu'il ne peut tolérer un tel comportement.

Francine explique alors que cela n'a lieu que lorsque les enfants vont à la piscine et qu'une éducatrice est toujours avec eux à ce moment-là; s'ils se changent ainsi près de la piscine, c'est parce que c'est plus rapide et qu'il n'y a jamais personne d'autre à cet endroit. Sergio demande pourquoi on permet ainsi à des enfants de se dévêtir les uns devant les autres. Francine explique qu'à cet âge, elle trouve inutile de traumatiser les enfants avec de telles différences.

Sergio réplique que, puisqu'il en est ainsi, il ne laissera plus sa fille à la garderie avec un personnel qui ne fait même pas la différence entre un garçon et une fille. Comment pourraient-ils y être éduqués convenablement et comprendre ce qui est attendu de chacun d'eux ?

Francine reste songeuse. Elle aurait aimé garder Maria mais ne comprend pas pourquoi Sergio est si irrité pour un tel détail. Pour elle, faire des différences entre garçons et filles mène au machisme.

Cette explication est souvent la première interprétation que des personnes valorisant l'égalité et très influencées par le mouvement féministe auront tendance à attribuer à une attitude semblable à celle de Sergio. Bien que le machisme existe bel et bien, il est important de prendre plus d'informations avant de conclure que c'est de cela qu'il s'agit. Appremment il n'y a rien dans la réaction de Sergio qui laisse croire qu'il valorise la domination des hommes sur les femmes.

On sait que dans plusieurs cultures nord-américaines, il existe une tendance chez certaines familles à préférer ignorer les différences sexuelles chez les jeunes enfants; ainsi, garçons ou filles pourraient se baigner nus, aller à la toilette sans fermer les portes, prendre un bain ou dormir ensemble, sans problème. Il existe cependant des variations d'une famille à l'autre, à ce sujet. Tant que l'enfant se trouve dans un environnement où il se sent à l'aise de se .comporter ainsi, il ne se posera pas de question mais, s'il est habitué à une façon différente de se comporter à la maison et qu'il est invité à adopter un comportement contraire, à la garderie par exemple, l'enfant risque d'éprouver de la gêne et parfois même un véritable malaise.

C'est pourquoi il est important que les parents soient mis au courant de la façon de fonctionner à la garderie, dans ce domaine, afin d'éviter un changement trop radical pour l'enfant. En outre, pour de nombreux parents, ces différences sexuelles sont reliées à un long apprentissage sur les différences de rôle, auxquelles les garçons et les filles doivent être initiés (ces différences de rôle ne signifient pas nécessairement perte d'équité) : aussi est-ce important pour eux que ces différences ne soient pas simplement effacées, mais valorisées, l'apprentissage de l'égalité n'étant pas synonyme de rejet des différences. Les différences sont susceptibles d'être considérées négativement dans les sociétés à tendance égalitaire, d'où le souci de vouloir les ignorer ou les écarter.

Voici encore un autre exemple qui tente de montrer la fonction idéologique de l'image nationale dans la rencontre avec une culture autre.

Une éducatrice travaillant auprès de jeunes enfants de diverses origines et qui venait de leur parler des méfaits de la violence physique, fut horrifiée d'entendre alors une petite fille de cinq (5) ans lui décrire la façon dont sa mère l'avait corrigée, quelques jours plus tôt, avec une « strap ». Elle ajouta que c'était pour la punir d'avoir déchiré sa robe car elle devait se changer avant d'aller jouer.

L'éducatrice, bouleversée par ce récit, songeait à contacter la Direction de la Protection de la Jeunesse lorsqu'elle remarqua que peu d'enfants dans le groupe semblaient étonnés par cet événement. Elle décida donc d'en parler d'abord à la travailleuse sociale de l'école. La réaction de la travailleuse sociale est simple : en effet, la loi canadienne/québécoise actuelle relative à la protection de la jeunesse oblige les professionnels à faire part à la Direction de la Protection de la Jeunesse de tout comportement abusif ou mauvais traitement qu'un adulte inflige à un enfant. Sans remettre en question le bien-fondé de cette loi, il est important de s'assurer que notre intervention tienne compte du contexte culturel et familial dans lequel le geste a été posé. Il y a une différence entre la personne qui utilise une sanction corporelle sur son enfant en raison d'une mauvaise action, celle qui le punit parce qu'elle est épuisée, et celle qui ne se rend même pas compte de ce qu'elle fait contre l'enfant.

Ces trois cas nécessitent des interventions différentes. Un changement trop rapide ou trop drastique peut entraîner des perturbations au sein de la famille, parfois plus dangereuses pour le développement de l'enfant; l'enfant peut ne pas comprendre le changement d'attitude du parent et l'interpréter de diverses façons. L'inconfort ressenti face à ce changement de discipline peut devenir si exigeant qu'il occasionne une plus grande tension dans le milieu familial, entraînant ainsi de nouveaux problèmes. Il est important d'être attentif à la façon dont l'enfant perçoit ce genre de sanction. Si des changements sont nécessaires, il faut veiller à ce qu'ils soient bien compris et graduellement intégrés par chacun (il ne s'agit pas ici de cas où la vie de l'enfant est en danger). Il ne faudrait pas non plus adopter l'attitude inverse et ne plus intervenir auprès de ces familles sous prétexte que ce sujet est trop délicat. Des abus réels peuvent exister dans n'importe quelle famille, quelle que soit son origine ethnique.

Une réponse de ce genre démontre sans doute le sens des responsabilités mais peu de souci du bien-être réel de l'enfant. C'est l'idéologie de l'image nationale qui a prévalu. Il faudrait donc pousser la réflexion plus loin. L'attitude générale des autres enfants peut aider en cela. Elle démontre que, dans ce milieu ou ce groupe de familles, ce type de sanction est fréquemment utilisé. Il ne s'agit donc pas de traumatiser l'enfant mais d'être attentif à la fréquence et à l'intensité de ce type de correction. Une séance d'information s'adressant à l'ensemble des parents permettrait sans doute une première réflexion sur ce sujet, offrirait l'opportunité de mieux connaître les parents concernés et faciliterait le choix du type d'intervention à venir, si celle-ci était nécessaire.

Le défi de l'intervention sociale interculturelle est multiple. Voici un autre cas parmi tant d'autres : Monsieur

Chea habitait un petit village rural au Cambodge avant d'arriver au Canada avec sa famille. Les premiers mois furent difficiles car, en plus des problèmes de langue aux-quels ils devaient faire face, il n'arrivait pas à trouver un emploi. Un jour, grâce à ses contacts au sein de la communauté, sa femme Vanna trouve un emploi. Monsieur Chea n'aime pas l'idée que sa femme travaille à l'extérieur mais, pour le moment, ils n'ont pas le choix. Monsieur Chea, qui se considère comme le seul responsable pour subvenir aux besoins de la famille, se sent très humilié. De plus, il est inquiet car sa femme Vanna commence à changer : elle se permet de se rendre seule à des réunions, le soir, avec d'autres femmes et, l'autre jour, elle lui a même proposé de préparer lui-même les repas.

Quelque temps plus tard, monsieur Chea réussit enfin à trouver un emploi stable et il demande alors à sa femme de quitter son emploi. Celle-ci hésite un moment puis explique que les enfants ont besoin de trop de choses à l'école et qu'il vaut mieux qu'elle continue à travailler. Avec le temps, leurs relations se détériorent. Les disputes deviennent fréquentes et les enfants commencent eux aussi à s'en ressentir, respectant moins les heures de sortie et se chamaillant fréquemment.

Les résultats scolaires du plus jeune ont aussi considérablement baissé. Un matin, alertée par les difficultés rencontrées par son élève et par les efforts de Vanna qui tente de cacher son visage meurtri, une enseignante suggère à Vanna d'aller chercher de l'aide au Centre local des services communautaires (C.L.S.C.) du quartier. Vanna écoute tout en songeant qu'elle ne peut pas aller parler de ses problèmes intimes avec des étrangers.

Mais quelques semaines plus tard, la situation étant devenue insoutenable, à contrecœur, Vanna se décide à se rendre au C.L.S.C. Petit à petit, elle explique sa situation. L'intervenante lui affirme alors qu'elle est dans son droit, qu'elle peut décider de ce qu'elle veut pour elle-même, que son mari ne peut pas l'obliger à cesser de travailler si elle ne le désire pas. De plus, elle lui suggère que, compte tenu de la violence qu'il manifeste à son égard, elle doit songer à se protéger. Ne peut-elle pas envisager la possibilité de se séparer ? Étonnée d'un tel discours, Vanna revient chez elle découragée. Comment pourrait-elle se séparer ? Qu'en penseraient les gens et comment la considèrerait-on ? Et puis, comment envisager l'idée même de vivre seule, alors que la famille n'est pas là ? « Allons, il vaut mieux supporter les crises de Chea ! », pense-t-elle.

L'intervenante sociale s'est certainement heurtée ici à une valeur importante, mais laquelle ? On veut bien répondre que Vanna aime encore son mari et que conserver cet amour est plus important que sa protection physique. Bien que cette réponse soit une possibilité, la réflexion devrait encore aller plus loin. Une autre réponse possible : Vanna sait que la famille de Chea a un statut social plus élevé que la sienne et qu'elle ne peut pas se permettre de la déshonorer.

Il est possible que cet élément interfère dans le cas de différents groupes ethniques, mais devrait-on se permettre de l'appliquer à tous les groupes ? C'est grâce à ses contacts avec la communauté que Vanna trouve un emploi ; de plus, si celle-ci considère le personnel du C.L.S.C. comme des « étrangers », c'est parce qu'ils ne font pas partie de son groupe de référence. C'est pourquoi l'importance des liens qui la rattachent à sa communauté a pour effet de lui faire ressentir cette séparation de façon beaucoup plus pénible que dans le cas d'individus qui se considèrent séparés et indépendants des autres.

Enfin, la solitude de la séparation, déjà difficile à vivre pour la plupart des gens, est encore plus pénible pour une personne habituée à vivre en relation constante avec son groupe de référence, surtout si la plupart des membres de sa famille sont encore dispersés au loin et donc peu en mesure de lui procurer le soutien habituel. Cet exemple reflète assez bien la vision et l'attitude d'une société ou d'un État de droit auxquels tout autre groupe doit se réduire.

Ainsi la représentation de l'identité nationale apparaît comme le blason d'un groupe social, comme le mémorial d'une histoire stratifiée, comme l'écu armorié où la société inscrit les figures idéalisées dans lesquelles elle projette et saisit sa propre image, dans le mouvement qui l'oppose et la relie aux autres nations. La dialectique de l'opposition et de la relation des cultures et sous-cultures rend impossible toute forme de réduction à une culture ou sous-culture, si puissante soit-elle. La culture dominante et la culture dominée doivent chacune se connaître et en même temps se distancer l'une de l'autre si l'on veut vivre l'interculturel, c'est-à-dire des relations d'égalité de façon harmonieuse.

Nous avons généralement des connaissances pratiques que nous aimerions appliquer à nos pratiques d'intervention et nous sommes parfois surpris de leur échec dans certaines situations d'intervention. Examinons le cas de Mireille qui vient de déménager à Hull; en attendant de trouver un travail à temps plein, elle a offert ses services à diverses garderies pour remplacer les éducatrices devant s'absenter.

Un matin, elle est appelée par la garderie « Les Merles » pour travailler une semaine auprès d'un groupe d'enfants. Heureuse de renouer avec son ancien travail, Mireille se rend donc sur place. Rapidement, elle est introduite à son groupe composé d'enfants de diverses origines et âgés en général de trois ans. Sans perdre de temps, elle va rencontrer chacun d'eux, à tour de rôle, s'agenouillant pour leur demander son nom ; elle pose même ses bras autour de ses épaules, elle lui donne une bise et passe à un autre enfant.

Cependant, au moment où elle s'approche de l'un d'eux, celui-ci se sauve à toute vitesse alors qu'une autre se met à pleurer lorsqu'elle approche sa main pour lui caresser les cheveux. Mireille, un peu surprise, attribue ces attitudes à de la timidité et commence un jeu avec les enfants. Le lendemain cependant, ces deux enfants ont la même attitude à son approche.

Qu'est-ce qu'il serait important que Mireille sache pour continuer à travailler dans cette garderie ? La réponse spontanée qui vient à la bouche est qu'il faut qu'elle donne du temps aux enfants pour qu'ils s'habituent à leur nouvelle éducatrice. Il est vrai, quelle que soit l'origine culturelle, qu'il y a des enfants qui montrent plus de facilité que d'autres à entrer en contact avec les adultes. Cependant, la journée suivante, les deux enfants que Mireille croit timides ont la même attitude avec elle.

Une autre réponse serait la suivante : les enfants peuvent avoir des comportements non verbaux fort différents d'une culture à l'autre. En effet, les modes de contact varient parfois de façon importante d'un groupe culturel à l'autre; les émotions éprouvées pour des gestes d'apparence aussi simple qu'une bise sur la joue peuvent aller de l'étonnement à la peine et même jusqu'à la répulsion, si ce geste ne fait pas partie de l'acquis culturel de la personne. De même, poser la main sur la tête d'un enfant, dans certaines cultures asiatiques, pointer le bout de son pied vers une autre personne ou simplement toucher ses camarades constituent quelques exemples du langage non verbal du corps auquel il est important d'être attentif. Il est facile de faire des erreurs d'interprétation sur la façon de décoder ce langage et sur le choix des comportements considérés comme appropriés.

Conclusion

Au terme de la réflexion amorcée dans cet ouvrage, peut-on concevoir une pédagogie de l'intervention sociale interculturelle avec ses orientations et sa démarche ? Est-on fondé d'énoncer une articulation prescriptive dans un domaine aussi problématique ? Il semble que cela soit bien difficile, car on courrait un risque à bien des niveaux.

Le danger serait d'abord d'imposer des règles et des recettes, comme s'il s'agissait d'appliquer celles-ci à celles-là pour atteindre un objectif que l'on n'aurait pas été à même de déterminer. Un autre danger, difficilement évitable à ce niveau, serait le discours moralisant des bons sentiments, du respect de l'autre, de la tolérance et de l'intercompréhension. Une telle démarche risque, au mieux, de n'avoir que des résultats superficiels; du pire elle pourrait donner lieu à des comportements artificiels en censurant les mouvements et les réactions spontanés; car c'est l'authenticité de la relation qui en prendrait un coup. Que dire quand ces diverses attitudes se rejoignent ? Il faut voir en effet que la démarche normative est généralement sous-tendue par le non-dit d'une éthique implicite. Un autre risque est de développer un discours « théorique » qui évacuerait la réalité concrète des échanges interpersonnels.

Faut-il alors renoncer à toute visée pédagogique en interculturel ? Je ne le pense pas car s'il y a une leçon que je peux tirer de mon expérience de travail avec des groupes multiculturels et de mes ateliers en interculturel, c'est que la démarche en elle-même comportait une portée pédagogique. Il m'est apparu que dans ce domaine, je ne pouvais pas dissocier la pratique pédagogique « en situation concrète » d'une visée de compréhension qui rejoint celle de la recherche.

En organisant des groupes multiethniques et multiculturels pour vivre les relations interculturelles en les étudiant, je me suis convaincu que c'est sur la base d'une telle expérience concrète et aussi spontanée que possible, que s'éprouve la réalité de la relation interculturelle. Grâce à cette expérience du vécu, l'on a pu saisir et comprendre les enjeux existentiels, les processus, les mécanismes psychologiques qu'implique une telle relation qui va de soi à soi, de soi à l'autre, de soi à l'institution, à l'autre groupe et à des groupes entre eux.

On a pu constater que le vécu de la rencontre interculturelle est traversé par des représentations sociales, comme les images, les stéréotypes et même les projections idéologiques. Les nombreux cas rapportés comme exemples à analyser et critiquer le montrent. Toutes ces représentations doivent être reconnues dans leur subjectivité, tout comme elles doivent être objectivées par la démarche des sciences humaines qui permet de les comprendre en les ramenant à leurs conditions socio-historiques d'origine, et en lisant leur fonction dans la dynamique des relations entre nations. L'individu est ainsi amené à prendre conscience que même ses réactions les plus intimes et les plus affectives sont structurées par un imaginaire social.

L'intervenante ou l'intervenant social verra donc ici une pédagogie « non interventionniste » qui lie le changement, individuel et collectif, à la prise de conscience et à l'élaboration de l'expérience vécue. Elle/il ne se contentera donc pas des seules informations sur la culture autre, ni même de sa seule conscientisation, et encore moins de la collecte de recettes pour résoudre des problèmes. La réflexion sur les réalités interculturelles, à travers leur verbalisation et leur analyse, inscrit la formation dans une continuité avec la recherche.

En articulant la réflexion autour du double concept de centration et de décentration culturelle, j'ai tenté dans cet ouvrage de faire apparaître que la démarche pédagogique de l'interculturel est inhérente à la démarche même d'une recherche qui, pour l'intervenante ou l'intervenant social, s'identifie à la théorisation de sa pratique. Mais la décentration dont il est question ici n'est pas chose aisément réalisable en pratique. Comme je l'ai souligné précédemment, tout intervenant qui veut réellement nouer une véritable communication interculturelle sait qu'il y a un prix à payer : se vider de lui-même pour s'emplir de l'autre. Il faut comprendre que ce vacuum ne signifie nullement une répudiation de l'identité personnelle, professionnelle et nationale. C'est dans cette démarche dialectique que l'intervenant enrichit et agrandit son identité dans sa triple dimension personnelle, professionnelle et nationale.

Références bibliographiques

Abdallah Pretceille, M. « Pédagogie interculturelle : bilan et perspectives » in *L'interculturel en éducation et en sciences humaines*, vol. 1, p. 31.

Albert, Rosita Daskal (1986). « Conceptual Framework for the development and evaluation of Cross-Cultural Orientation Programs », *International Journal of Intercultural Relations*, vol. 10, n° 2. pp. 197-214.

Bernier, D. (1993). « Le stress des réfugiés et ses implications pour la pratique et la formation. » *Service Social*, vol. 42, n° 1, pp. 81-99.

Berry, John (1977). *Attitudes à l'égard du multiculturalisme et des groupes ethniques du Canada*, Ottawa. Ministère des Approvisionnements et Services, p. 11.

Bibeau G. et al. (1992). *La santé mentale et ses visages. Un Québec pluriethnique au quotidien*. Gaétan Morin éditeur Québec.

Beiser, M. (1984). « Refugee mental health in the early years of resettlement », in Nann, R.C. Johnson et Beiser, M. (dir), *Refugee resettlement : Southeast Asians in Transition*, Vancouver, B.C. Refugee Resettlement Project.

Beiser, M. et al. (1988). *Puis... La porte s'est ouverte. Problèmes de santé mentale des immigrants et des réfugiés*, Ottawa, Secrétariat du Multiculturalisme, de la santé et du bien-être social.

Brass, Ewald (1986). *De la formation aux ignorances attentives*. textes de travail.

Bureau, R. (1978). *Péril blanc—Propos d'un ethnologue sur l'Occident*, Paris, l'Harmattan.

Camilleri, C. (1985). *Anthropologie culturelle et éducation UNESCO*, Lausanne, Delachux et Niestlé.

Caplan, G. (1974). *Support Systems and Mental Health : Lectures on Concept Development*. New York, Behavioral Publications.

Cohen-Emerique (1984). « Choc culturel et relations interculturelles dans la pratique des travailleurs sociaux—Formation à la méthode des incidents critiques », *Cahiers de sociologie économique et culturelle*, (2 Décembre 1984).

Corin, E. et al. (1990). *Comprendre pour soigner autrement.* Les Presses de l'Université de Montréal, Montréal.

Dankswort, J. et Gagnon, N. « Regulating Social Workers : The subordination of the Profession to Its Industrial Relations System », *Intervention, Revue de la Corporation professionnelle des travailleurs sociaux du Québec,* n° 69 (juil. 1984).

Davis, L. et Proctor, Enola K. (1989). *Race, gender and class.* Englewood Cliffs, New Jersey, Prentice-Hall.

Dejean, P. (1978). *Les Haïtens au Québec,* Les Presses de l'Université du Québec, Montréal, Québec

Delgado, M. D. (1979). « Therapy Latino style : Implications for psychiatric care », *Perspectives in Psychiatric Care,* 17 (3) : 107-115.

Devisch, R, et Gailly, A. (1985). « A therapeutic self-help group among Turkish women : Dertlesmek : The Sharing of sorrow » *Psychiatr. E Piscoter. Anal,* 4 (2) : 133-152.

Dodson, J. (1981). « Conceptualization of Black Families » in McAdoo, H.P. (Dir) *Black Families,* Beverly Hills, CA, Sage Publications, pp. 23-36.

Eisenstadt, S.N. (1970). *Integration and development in Israel.* Jerusalem, Israel, University Press, pp. 341-367.

Erikson, E. H. (1972). *Adolescence et crise. La quête de l'identité.* Paris, Flammarion

Gay, D. (1985). « Réflexions critiques sur les politiques ethniques du gouvernement fédéral canadien et du gouvernement du Québec », in *Revue Internationale d'action communautaire,* « Migrants : Trajets et Trajectoires », n° 14-54.

Gérando, J-M. (1978). *Considérations sur les méthodes à suivre dans l'observation des peuples sauvages.* Edit. originale, Paris an VIII, réedit., in Copans (J) et Jamin (J), Aux origines de L'anthropologie française, Paris, le Sycomore

Goffman, E. (1974). *Les rites d'interaction.* traduit de l'américain, Edit. de Minuit, Paris

Gordon, M. M. (1964). *Assimilation in American Life : The Role of Race, Religion and National origine.* New York, Oxford,University Press

Gouvernement du Canada : *Le Temps d'agir*. Ottawa, 1978.

Gouvernement du Canada : « Un choix national » Exposé du gouvernement du Canada sur une politique linguistique nationale, Ottawa, 1977.

Green, James, W. (1982). *Cultural Awareness in the Human Services.* New Jersey, Prentice-Hall, pp. 22-28.

Guay, J. (1984). *L'intervention professionnelle face à l'aide naturelle.* Gaétan Morin

Hall, E.T. (1973). *The Silent Language.* Doubleday Anchor Books, p. 21.

Hall, E T. (1971). *La dimension cachée.* Éditions du Seuil, Paris.

Hall, E T. (1987). *Au-delà de la culture.* Seuil, collection Points, Paris.

Harold, R. Isaacs (1975). « Basic Group Identity : The Idoles of the Tribe », in *Ethnicity : Theory & Experience*, N. Glaser et D.P. Moynihan, éd. Cambridge, Mass. Havard University Press.

Hegel, G. W. F. (1939). *La phénomenologie de l'esprit.* Paris, Aubier-Montaigne (pour la traduction française).

Italians in Toronto : A data system for psychiatric services to an immigrant community. *Annal. Psychother. Psychopathol.*, 2, pp. 49-58, 1985.

Kalpana, D. (1988). « Travail social et pluralisme culturel au Québec », *Interculture Montréal, le Centre interculturel Monchanin*, n°100, pp. 31-55.

Kleinman, A. (1980). *Patients and Healers in the context of culture.* Berkeley, University of California Press.

Klineberg, O. (1963). *Psychologie sociale.* t. 2, Paris, PUF.

Lacan, J. (1966). « *Écrits* », Paris, Seuil.

Ladmiral, J-R. (1989). *La communication interculturelle.* Armand Colin, Paris.

Lefley, N.P. (1984). « Delivering mental health services across culture », in Pedersen, R.B. Sartorius, N. et Marsella, A.J. (dir) *Mental Health Services : The Cross Cultural Context*, Beverley Hills, CA. Sage Publications.

Legault, G. (1971). « Formation à une pratique interculturelle », *Revue canadienne de service social*, vol. 8, n° 2, Eté.

Lévi-Strauss, (1962). *Le Totémisme aujourd'hui*. Paris, PUF.

Lévi-Strauss, (1968). *Race et histoire*. Gonthier, Paris.

Lin, K.M.et al. (1982). « Subcultural determinants of help-seeking behaviour of patients with mental illness », *J. New. Ment. Dis.*, 170 pp. 78-85.

Maisonneuve, J. (1975). *Introduction à la psychologie*. 2e édit. Paris, PUF.

Malewska, Peyre. H. (1978), « L'identité et les jeunes immigrés dans la société globale : être adolescente et adolescent immigré », in *Migrants*, Formation n° 20-30 Octobre.

Manns, W. (1981). « Support Systems of significans Others » in MCADOO, H.-P. (dir.) Black Families, Beverly Hills, CA, Sage Publications, pp. 238-251., 499 Massé, R. (1995). *Culture et Santé publique, les contributions de l'anthropologie à la prévention et à la promotion de la santé*. Gaétan Morin, Montréal p. 499.

Mauviel, M., (1979). « Pladoyer pour une éducation transculturelle ». *Revue française de Pédagogie*, Oct.-Déc. pp. 21-35.

McADOO, H.P. (1982). « Stress Absorbing Systems in Black Families », *Families Relations*. 31,pp. 479-488.

Mead, G. H. (1963). *L'esprit, le soi et la société*. traduit de l'anglais, Paris, PUF. p. 138.

Michaud, Guy (1978). *Inaugurales Identités collectives et relations interculturelles*, Bruxelles, Editions Complexes, p. 9.

Miranda, M. R. (ed .) « Psychotherapy with the spanish speaking : Issues in Research and Services Delivery » . *Spanish speaking Mental Health Research and Development Program* : UCLA, 1976.

Murphy, H.B.M. (1977), « Migration, culture and mental health », *Psychological Medecine*, 7 pp. 677-684.

Mvilongo, A. (1978). « Quelques valeurs de psychothérapie dans les méthodes des guérisseurs indigènes en Afrique », in Intervention *revue de la Corporation professionnelle des travailleurs sociaux du Québec*, automne, n° 53.

Noel, L. (1989). *L'intolérance. Une problématique générale*. Boréal, Montréal.

Oriol, M. (1979). « Identité produite, identité instituée, identité exprimée », *Cahiers internationaux de sociologie*, vol. 66, pp. 19-27.

Pannikar, R. (1982). « La notion des droits de l'homme est-elle un concept occidental ? », *Diogène,* n° 20.

Pearson, Richard E. (1985). « The Recognition rt Systems in Cross-Cultural Counseling », in *Handbook of Cross-Cultural Counseling and Therapy*, Paul Pedersen, édit.., conn.: Greenwood Press.

Perras, S. et Boucher, N. (1993). « Intervention contre le racisme, sortir du multiculturalisme et de la pensée magique », *Service Social*, vol.42, n° 1, pp. 101-119.

Perrot, D. (1990). « Pour une décentration et une centration culturelle— Alternatives au développement, approches interculturelles à une bonne vie et à la coopération internationale ». Sous la direction de Robert Vachon, Institut Interculturel de Montréal. Edit. du Fleuve, *collection Alternatives*, pp. 35-56.

Piaget, J. (1937). *La construction du réel chez l'enfant*. Neuchatel, Delachaux et Niestlé.

Piaget, J. (1964). *La formation du symb and Use of Natural Suppo ole chez l'enfant*. Neuchatel, Delachaux et Niestlé.

Prince, R. (1984). « Shamans and endorphins : Exogenous and Endogenous Factors in Psychotherapy » in Pedersen, R.B. Sartorius, N. et Marsella, A. J. (dir) *Mental Health Services : The Cross Cultural Context*, Beverley Hills, CA Sage Publications.

Rack, P. H. (1982). *Race, Culture and Mental Disorders*. London, Tavistock Publications.

Sartre, J-P. (1943). *L'être et le néant*. Paris, Payot.

Sartre, J-P. (1954). *Réflexions sur la question juive*. Paris, Gallimard, (collection Idées, 1961).

Sassen-Koob, (1980). « Immigration and Minority Workers in the organization of the labor process », *Journal of Ethnic Studies*, 1 : Spring, 1980, pp. 1-34.

Sherif, M. (1971). *Des tensions intergroupes aux conflits internationaux*. Paris, ESF, pour la traduction française.

Spitz, R.A (1968). *De la naissance à la parole*. Paris, PUF. p. 81.

Sue, D.W. (1981). *Counselling the Culturally Different: Theory & Practice*. John Wiley & Sons, p. 28.

Sue, S. (1977). « Psychological theory and implications for Asian-American ». *J. Personnel Guidance*, 55 (7) pp. 381-389.

Tap, P. (1988). *La société pygmalion*. Paris, Dunod, p. 45.

Todorov, T. (1988). *Nous et les autres*. Seuil, Paris.

Vatz-Laaroussi, (1993). « Intrevention et stratégies familiales en interculture », *Service Social*, vol. 42, n° 1, pp. 49-63.

Wellman, B. (1981). « Applying Network Analysis to the Study of Support » *Social Network and social support*, Gottlieb, B.H., dir., Beverly Hills, Sage.

Zazzo, R. « Les dialectiques originelles de l'identité », in *Identité individuelle et personnalisation*, p. 209.

Collection Études Africaines

Déjà parus

Albert LE ROUVREUR, *Une oasis au Niger.*
Samuel EBOUA, *Interrogations sur l'Afrique noire.*
Constant VANDEN BERGHEN et Adrien MANGA, *Une introduction à un voyage en Casamance.*
Jean-Pierre YETNA, *Langues, média, communautés rurales au Cameroun.*
Pierre Flambeau N'GAYAP, *L'opposition au Cameroun.*
Myriam ROGER-PETITJEAN, *Soins et nutrition des enfants en milieu urbain africain.*
Pierre ERNY, *Ecoliers d'hier en Afrique Centrale.*
Françoise PUGET, *Femmes peules du Burkina Faso.*
Philippe BOCQUIER et Tiéman DIARRA (Sous la direction de), *Population et société au Mali.*
Abdou LATIF COULIBALY, *Le Sénégal à l'épreuve de la démocratie*, 1999.
Joachim OELSNER, *Le tour du Cameroun*, 1999.
Jean-Baptiste N. WAGO, *L'économie centrafricaine*, 1999.
Aude MEUNIER, *Le système de soins au Burkina Faso*, 1999.
Joachim OELSNER, *Le tour du Cameroun*, 2000.
B. Alfred NGANDO, *L'affaire Titus Edzoa*, 2000.
J.-M. ESSOMBA , M. ELOUGA, *L'Art Tikar au Cameroun*, 2000.
Mahamadou SY, *L'Enfer d'Inal*, 2000.
Pierre DANHO NANDJUI, *La connaissance du Parlement ivoirien*, 2000.
Arsène OUEGUI GOBA, *Côte d'Ivoire : quelle issue pour la transition ?*, 2000.
Mahamoudou OUÉDRAOGO, *Culture et développement en Afrique : le temps du repositionnement*, 2000.
Mourtala MBOUP, *Les Sénégalais d'Italie, Emigrés, agents du changement social*, 2000.
Jean-Baptiste Martin AMVOUNA ATEMENGUE, *Sortir le Cameroun de l'impasse*, 2000.
Emmanuel GERMAIN, *La Centrafrique et Bokassa (1965-1979)*, 2000.
Marcel GUITOUKOULOU, *Crise congolaise : quelles solutions ?*, 2000.
Cheikh Yérim SECK, *Afrique : le spectre de l'échec*, 2000.

Collection **Études Africaines**

Déjà parus

Félix YANDIA,*La métallurgie traditionnelle du fer en Afrique centrale*, 2001.
Facinet BÉAVOGUI, *Guinée et Liberia XVIe-XXe siècles*, 2001.
Richard MBOUMA KOHOMM, *Cameroun : le combat continue*, 2001.
Alain GONDOLFI, *Autrefois la barbarie*, 2001.
A.C. LOMO MYAZHIOM, *Mariages et domination française en Afrique noire (1916 – 1958)*, 2001.
A.C. LOMO MYAZHIOM, *Sociétés et rivalités religieuses au Cameroun sous domination française (1916 – 1958)*, 2001.
Célestin BLAUD, *La migration pour études*, 2001
Y. E. AMAÏZO, *Naissance d'une banque de la zone franc : 1848-1901*, 2001.
A.Y. SAWADOGO, *Le président Thomas Sankara, chef de la révolution burkinabé*, 2001.
Côme KINATA, *Les ethnochefferies dans le Bas-Congo français : collaboration et résistance. 1896-1960.*, 2001.
Théophile OBENGA, *Pour le Congo-Brazzaville : réflexions et propositions*, 2001.
Derlemari NEBARDOUM, *Contribution à une pensée politique de développement pour le Tchad*, 2001.
Fulbert Sassou ATTISSO, *La problématique de l'alternance politique au Togo*, 2001.

616325 - Août 2015
Achevé d'imprimer par